对人生的哲学思辨，
将永远随时代而更新，
人的永恒存在将使人的这种自我反思的哲学永恒存在，
将使美的哲学永恒存在。

美学四讲

李泽厚 著

全彩插图
珍·藏·版

长江出版传媒 长江文艺出版社

序

　　《美学四讲》者，前数年发表之四次演讲记录稿"美学的对象与范围""谈美""美感谈""艺术杂谈"，加以调整联贯，予以修改补充，裁剪而贴之者也。

　　其所以不避讥骂剪贴成书者，一应读者要求"系统"，二践出版《美学引论》之早年承诺也。

　　其所以践夙诺者，近年心意他移，美学荒弃，《引论》之作，或恐无期，故以此代彼也。

　　岁月已逝，新见不多，敝帚自珍，读者明鉴。呜呼。

1988 年春夏之交

美 学

美学四讲
FOUR ESSAYS ON AESTHETICS

美 学 四 讲

FOUR ESSAYS ON AESTHETICS

美

学

1. 美学是什么

但首先是，有没有美学？

美的现象极多，却各不相同。松涛海语，月色花颜，从衣着到住房，从人体到艺术，从欣赏到创作……多么广阔、多么异样、多么复杂、多么奇妙！在如此包罗万象而变化多端的领域里，有没有、能不能存在一种共同的东西作为思考对象或研究对象呢？能否或应否提出这种概括性的普遍问题呢？世界本是这样的生动活泼、变幻多样，为什么硬要找出一种可能并不存在的"规律"或"问题"来管辖它、规范它、破坏它呢？这种"规范"或"问题"真正存在吗？这是不是某种"本质主义"的谬误呢？

这是美学一开头就碰到的疑惑。

从很早起到目前止，一直有一种看法、意见或倾向，认为不存在什么美学。美或审美不可能也不应该成为学科，因为在这个领域，没有认识真理之类的知识问题或科学问题，

● 松涧山禽图［宋］

也没有普遍必然的有效法则或客观规律。庄子早在两千年前便说过，各美其美。人看见毛嫱、骊姬很美，鱼、鸟看见她们却躲得远远的。"逆旅人有妾二人，其一人美，其一人恶，恶者贵而美者贱。阳子问其故，逆旅小子对曰：其美者自美，吾不知其美也，其恶者自恶，吾不知其恶也。"①美是主观的和相对的，因人而异，哪里有什么共同标准可找呢？

———————————

① 《庄子·山木》。

拟朱端笔意　陈少梅

不可能也不需要去发现或建立美或审美的规则、理论或科学。

至于说到艺术，就更加如此了。黑格尔《美学》一开头便列举了各种"反对美学的言论"，其中有"因为艺术美是诉诸感觉、感情、知觉和想象的，它就不属于思考的范围，对于艺术活动和艺术产品的了解就需要不同于科学思考的一种功能"。[①]这是因为，一方面"想象及其偶然性和任意性，——这就是艺术活动和艺术欣赏的功能——是不能归入科学领域的"；另一方面，"纯粹思考性的研究如果闯入"，也就破坏了艺术美，破坏了概念与现实融为一体的状态。黑格尔把这种种反对美学的意见称作"流行的见解"，说"这些意见……在一些论美或论美的艺术的旧著作里（特别是法国的）是读不完的"。[②]直到今天，这种意见仍然强劲地存在着。认为美学不可能成立，认为艺术不可能或不应该成为科学研究的对象，仍然在一般人（特别在作家、艺术家们）中间流行。好些作家，艺术家不高兴人们用思辨或逻辑去闯入或过问那本来他们自己也不知其所以然的创作天地。

同时，这种意见，也以各种不同形态表现在某些哲学—美学理论自身中。

例如二十世纪三十年代以来，逻辑实证主义在伦理学、

---

① 黑格尔《美学》第 1 卷，北京，商务印书馆，1979，第 8 页。
② 黑格尔《美学》第 1 卷，北京，商务印书馆，1979，第 9 页。

美学领域提出的情感论就是这样。英国哲学家艾耶尔（A. J. Ayer）当年便曾认为，所谓伦理学、美学等价值判断，实际上只是一种感情的表现，没有科学上的真理性或客观的有效性。"你偷钱是错误的"这个伦理学的判断实际只等于说"你偷了钱"加上一种感情态度或加个惊叹号而已。偷钱与否是可以由经验证实的事实，但错误与否却不是能为经验所证实的事实，从而也没有客观的真假。你说偷钱错误也不过是表示一种感情态度而已。"美学的词语与伦理学完全一样。像'美的''丑的'便与伦理学的词汇一样，并非对事实的陈述，而只是表现某种感情和引起某种反应而已。从而，如在伦理学中一样，以为审美判断有客观有效性是没有意义的。……与伦理学一样，不能证实美学是体现知识的一种形式。"①

艾耶尔是这种观点的较早阶段。在维特根斯坦（L. Wittgenstein）晚年著作支配下的分析哲学则认为，各种美学理论之间的争论，正如个人的欣赏之间的争论一样，实际上只是运用语词的问题，"美是什么的简明正确的回答是：美是很多不同的事物，但还没有很好地了解，就把'美'这个名词用在它们身上了。"②"美学的蠢笨就在于企图去构造

---

① A.J.Ayer, Language, *Truth and Logic*,pp.113—114,London,1950.

② 转引自 Thomas Munro, *Toward Science in Aesthetics*. p. 265.

● 从萨利花园里看昂蒂布 〔法〕莫奈

一个本来没有的题目，……事实也许是，根本就没有什么美学，而只是文学批评、音乐批评的原则。"①艺术既然作为情绪感叹难以论说，有文字凭据可供分析的便只有批评了。于是美学便只能是元批评学（Meta-Criticism）或分析美学（Analytic Aesthetics）。这些反对传统美学或主张取消美学的观点、论调当然也并不完全一致，例如艾耶尔认为美学仍然可以研究审美的心理学和社会学上的原因，例如有的人认为历史上的美学理论在一定情况下强调出艺术的某个方面，

---

① W. Elton, ed. *Aesthetics and Language*, p. 50.

仍有积极作用，等等。但总的说来，这派哲学否认美学能作为一门有关价值判断的理论学科或哲学而存在，而哲学本身，在他们那里本就是语言分析，如维特根斯坦所说："关于哲学大多数命题并不是虚假的，而只是无意思的，因之我们根本不能回答这类问题，我们只能说它们的荒唐无稽。哲学家们的大多数问题和命题是由于我们不理解我们语言的逻辑而来的。"[①]所以，维特根斯坦认为，把美学看成是说明美是什么的科学，便是"可笑的"。[②]审美和伦理都属于非定义的领域。比尔兹利（M. C. Beardsley）等人的分析美学在这个哲学潮流中便也风行一时。

应该承认，分析美学对艺术欣赏和批评中各种复杂问题，通过语言解析，作了细密的探讨和科学的清理，把问题提示得更为清晰，使人们不能再停留在含混笼统的一般谈论中了。特别是它在揭露美学中一些基本概念，如美、丑、艺术、模拟、表现、形式主义、现实主义等的词意含混、歧异多义诸方面，是有贡献的。哲学人文学科的一些基本概念、词汇大多来自日常语言，多义性、隐喻性、含混性十分突出。美学和文艺理论中的许多命题和争论，特别是这种争论的混乱性质，很重要的一个原因就由此而起。例如前些年

---

① 参阅维特根斯坦《逻辑哲学论》，北京，商务印书馆，第44页。
② 《关于美学，心理学和宗教的讲论和谈话》，Ⅱ，1，转引自薛华《黑格尔与艺术难题》，北京，中国社会科学出版社，1981，第131页。

十分热闹的关于形象思维的讨论便相当典型，争论了半天，"形象思维"这个词究竟是什么意思，它包含有哪几种不同含义，却并没弄清楚。分析哲学确乎可以帮助人们去做一些非常必要的澄清，使人们习惯于比较严格地、科学地注意使

用概念、语词和语句。这在今天的中国学术界特别值得提倡。而研究美学和艺术领域的语词、语句、用法、含义等，也仍然是件巨大的工作。

但另一方面，又不必因噎废食，不必因语词概念的多义含混而取消美学的生存；正如并不因为审美的艺术领域内突出的个性差异和主观自由，便根本否认研究它的可能一样。事实上，尽管一直有各种怀疑和反对，迄今为止，并没有一种理论能够严格证实传统意义上的美学不能成立或不存在。分析美学也未能真正取消任何一个传统美学问题。相反，从古到今，关于美、审美和艺术的哲学性的探索，讨论和研究始终不绝如缕，许多时候还相当兴盛。可见，人们还是需要和要求这种探讨，希望了解什么是美，希望了解审美经验和艺术创作、欣赏的概括性的规律或因素。

为什么会这样？这倒是一个有趣的问题。是人心永远有形而上的追求？还是五花八门的艺术现象促使人们"思维经济"，关心共同规律？……

维特根斯坦认为，"美学之谜是各门艺术对我们发生作用之谜"。[①]艺术并非私人心理，它是公共的游戏（game），游戏虽无规律，却有参加者必须遵守的规则。而艺术的这种

_____

① 《关于美学，心理学和宗教的讲论和谈话》，Ⅳ，1，转引自薛华《黑格尔与艺术难题》，北京，中国社会科学出版社，1981，第 131 页。

规则是与一定的生活和文化紧相联系的。维特根斯坦说，"为了明白审美表达，必须描述生活方式"，①"我们用来作为审美判断的那些词语，在我们称之为一个时期的文化的东西中有一种复杂的，但当然也很确定的作用。为了描述它们，或者为了描述人们所指的教养趣味的东西，便必须描述一种文化。"②即是说，审美领域中那许多词汇、概念以及它们在这语言中的使用规则，是与一定的文化、生活（即维特根斯坦称之为"实践"的）紧密联系在一起的。因之，要具体研究文化和生活，才能了解有关审美和艺术的许多词汇、语句和使用它们的规则和意义。

可见，从现代哲学的宠儿分析哲学看，分析语词也将走向或归结于分析文化、生活、社会。从而，今天的美学不但一方面变成"元批评学"即关于批评原理的语言研究；同时，艺术史和艺术社会学的具体研究却已远超美学，占据首要地位。所以尽管分析美学或元批评学仍然需要，但事实是它并不能替代美学的全部，并不能取代或取缔对艺术和审美现象的经验科学的研究。这倒如同托马斯·门罗（Thomas Munro）所早描述过的：

---

① 《关于美学，心理学和宗教的讲论和谈话》，Ⅰ，35，转引自薛华《黑格尔与艺术难题》，北京，中国社会科学出版社，1981，第131页。

② 《关于美学，心理学和宗教的讲论和谈话》，Ⅰ，25，转引自薛华《黑格尔与艺术难题》，北京，中国社会科学出版社，1981，第131页。

● 古希腊雕刻

半个世纪以来美学是沿着科学的、自然主义的路线迅速地发展起来了。它已经包括了艺术的一般理论在内，它从包括心理学、文化史、社会科学等的各个有用的来源中，尝试去综合涉及艺术及有关的经验、行为的事实报导。……历史学家和心理学家愈来愈看到艺术趣味的巨大的变易性，看到对不同的文化集团和个人来说什么是美。①……

但是，美学就是艺术社会学吗？

关于美和艺术的谈论或描绘，自古至今，却并不一定联

---

① *Toward Science in Aesthetics*, p. 263.

系在一起。在古希腊，谈艺术可以不涉及美的概念，谈美也不提及艺术。[①]中国亦然。今天，欣赏风景的审美愉快与艺术作品的美学批评，也可以互不相干。美与艺术是否有必然联系，这本身便是尚待深究的问题，那么，把美学完全归结为、等同于艺术社会学，不也是太匆忙或太片面了吗？

那么美学到底是什么呢？

中文的美学一词来自日本（1904年中江肇民译），是西文Aesthetics一词的翻译。西文此词始用于鲍姆嘉通（Baumgarten），他把这个本来指感觉的希腊字转用于指感性认识的学科。所以如用更准确的中文翻译，"美学"一词应该是"审美学"，指研究人们认识美、感知美的学科。但约定俗成，现在也难以再去"正名"了。关于美学的定义，目前中国流行的主要有三种：（一）美学是研究美的学科；（二）美学是研究艺术一般原理的艺术哲学；（三）美学是研究审美关系的科学。在我看来，（一）（三）都有同语反复的问题。前者（"美学是研究美的学科"）在中文是同语反复，等于没有说。后者（审美学Aesthetics是"研究审美关系的科学"）在西文中亦然。审美关系是一个极为模糊含混的概念。什么叫"审美关系"呢？不清楚。这正是美学需要去探讨的问题，用它来定义

---

① F. Chambers, *The History of Taste, Columbia*, 1960, p. 282.

美学，使人更感糊涂。（二）则是上面提到的问题，它过于狭窄又过于宽泛。现实生活、自然美和许多审美现象并不属于艺术，却仍在美学研究范围，例如美育便不只是艺术教育问题，科技也有美学方面的问题，等等。而另一方面，某些艺术学的问题，某些艺术的一般原理，如艺术与政治的关系等，却又并不是美学研究的对象。可见，这三种说法、三个定义都不完满和准确。至于说美学是研究感性愉快的学科，美学是研究形象的科学，美学是一种价值哲学等，就更空泛，更不能说明问题了。

与其首先寻觅一个美学定义，还不如看看这门学科的具体历史和现况。尽管迄今为止，关于美学的对象、范围、内容，一直有各种不同的看法和争论，但不管怎样，也不管美学这个名词出现多晚（在西方到十八世纪，在中国要到辛亥和五四前后），从历史看，如刚才所说的，从古代起，就有关于美和艺术的哲学议论和理论探讨，就有今日美学所研究、所包括的对象、领域和内容。而这种内容基本上可分为三个方面或三种因素，它们倒恰好与上面三种定义相对应，并的确构成至今美学的三种成分。有人认为，近代美学是由德国的哲学、英国的心理学、法国的文艺批评三者所构成〔J. Stolnitz（斯托尼茨）〕。有人认为，美学包括哲学、心理学、客观对象分析三种研究（H. S. Langfeild），或美学可分为形而上的（定义美）、审美心理的、社会学的三种

研究……这种种看法，我以为倒是符合美学这门学科的历史和现状的。所谓美学，大部分一直是美的哲学、审美心理学和艺术社会学三者的某种形式的结合。比较完整的形态是化合，否则是混合或凑合。在这种种化合、混合中，又经常各有不同的侧重，例如有的哲学多一些，有的艺术理论多一些，有的审美心理学多一些，如此等等。从而形成各式各样的美学理论、派别和现象。

就今天世界说，欧美流行并占主要地位的是分析哲学的美学和艺术本体论的美学，主要在讨论、研究、解释艺术是什么，包括产生在德国的解释学（Hermeneutics）和美国当前的惯例论（Institutional Theory）。在苏联、东欧，主要是马克思主义反映论的美学和文艺理论，其中包含著名的卢卡契（Lukács）。在东方，日本似乎主要受德国美学的支配影响，中国则数十年在苏联传来的"马克思列宁主义美学"的支配下。

那么，什么是本书对美学学科的基本看法呢？

多元化。我曾认为，"真理是一个由许多方面构成的整体。因而，可以从不同的角度、不同的途径、不同的问题、不同的要求去接近它；接近的层次、侧面可以不同，所追求达到的目标可以不同"；"多层次、多侧面、多角度、多途径、多目标、多问题、多要求、多方法，互相补充，互相完善。"①

美学亦应如此。

多元化标志某种统一的完整的体系或系统的永远消失和不再建立，包括哲学，也不过是提供一种视角或观念，不会再是包罗万象、解释一切的完整体系。哲学、美学不应也不会定于一尊，从而，可以也应该有从各种不同的角度、层次、途径、方法出发和行进的美学，有各种不同的美学。这

①　拙著《走我自己的路》，北京，三联书店，1986，第233、235页。

不仅是理论的不同，而且也是类型、形态的不同。形态、类型的不同和理论的不同有关系，但它们不是一回事，同一类型或形态的美学，仍有根本理论的不同。这里讲多元化，主要指的是类型和形态的不同。例如，美学就可以按此多元化所不同的形态分为不同类别，有如下两表（见本页及下页）：

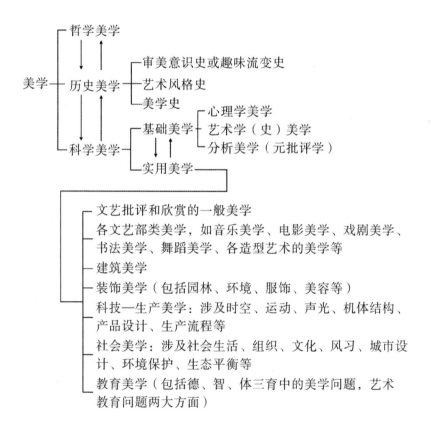

应该十分注意，任何分类都只有相对的意义，其中总有

牵强、不完备、不确定和不周延的地方。各类之间的各种相互渗透、制约、分化、综合等关系，极为繁复，更不是图表所能表达或概括。实用美学和基础美学，领域和对象都广阔庞大，而且会有进一步的分化、细密化、专门化，并将形成一些只有少数专家才能进入或懂得的专门学科或科学，它们会产生一套自己的词汇、语言、概念和公式，远不是广泛公众所能参与、了解和有兴趣的了。

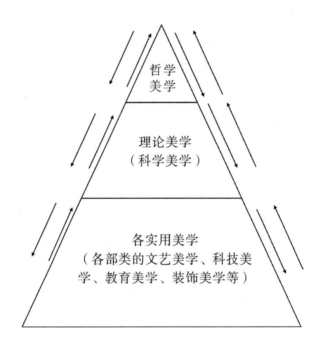

可见，已经没有任何统一的美学或单一的美学。美学已成为一张不断增生、相互牵制的游戏之网，它是一个**开放的家族**。

从而，追求或寻觅一个统一的美学定义，就成为徒劳无益或缺乏意义的事情。我以前提出的**"美学——是以美感经验为中心，研究美和艺术的学科"**的说法，只是从哲学的角度对当前美学作某种现象的描述和规定而已。比较起来，它还有一定的适用性。

但哲学应该是大众的，哲学美学恰恰不是专门化的美学。因为哲学并不就是科学，也不只是分析语言，它主要是去探求人生的真理或人生的诗意。谁都有人生，因此谁都可以去寻求那人生的真理，去领会那人生的诗意。

2. 哲学美学

从哲学角度对美和艺术的探讨，在二十世纪以前，基本上是西方美学的主干。有意思的现象是，在美学史上占据最为显赫地位的，常常是哲学家。美学史上最为重要的理论也常常是从哲学角度提出的，如柏拉图、康德、黑格尔、克罗齐、杜威、维特根斯坦等。这种美学经常只是作为某种哲学思想或体系的一个部分或方面，从哲学上提出了有关美或艺术的某种根本观点，从而支配、影响了整个美学领域的各个问题，使人们得到崭新的启发或观念。尽管这些哲学家们并不一定直接谈及许多具体艺术问题或艺术作品，也没有对审美心理或艺术欣赏、创作以及美学语词作精细的研究，但他们这些抽象甚至晦涩的观点、理论倒常常比那些精细的鉴赏批评或科学分析，影响更为深远。前者经过时间的流逝，经常被遗忘或淘汰，人们却仍然愿意不断回顾和玩味哲学家们关于美和艺术留下的"至理名言"。正如今天不会再有人

去谈牛顿的力学著作或欧几里得甚至达尔文，却仍然会去读柏拉图或老子一样。再伟大的科学著作也会过时，而哲学名著却和文艺作品一样，可以永恒存在。为什么？这大概就是此独特的"人生之诗"的魅力所在？这诗并非艺术，而是思辨；它不是非自觉性的情感形式；而是高度自觉性的思辨形式；它表达和满足的不只是情感，而且还是知性和理性，它似乎是某些深藏永恒性情感的思辨、反思，这"人生之诗"是人类高层次的自我意识，是人意识其自己存在的最高方式，从而拥有永恒的魅力。

柏拉图关于美是什么的问题，不是至今仍然吸引人们的好奇心吗？美不是美的小姐，不是美的汤罐……那么"美本身"，那值得一切艺术以及一切人们去追求、向往、模拟的"美本身",究竟是什么呢？也就是说，各种美所应有的共性和理想究竟是什么呢？他尖锐提出的这个问题不是至今仍然没有得到答案，而逼迫着人们去不断寻求吗？柏拉图关于艺术是影子的影子的理论也如此。艺术只是理式的双层影像，画家没有鞋匠的手艺却可以画鞋子，不能要求艺术家懂得他所"模拟"的一切，那么他和他所模拟的"影子的影子"又有何意义和价值呢？柏拉图的回答是暴虐的——艺术没有用处，诗人应被赶出"理想国"。但这个涉及艺术存在与艺术本质的问题本身，不仍然有其合理的生命力吗？

流行和统治中国现代美学的主要是马克思主义美学。一般都认为，马克思没有留下关于美和艺术的系统理论①，但是，马克思关于"自然的人化"的观点，关于"人是依照美的规律来造形的"简要提法，不就比普列汉诺夫关于艺术的大量理论论著，还远为吸引人打动人吗？在这些言短意深的涉及美的哲学谈论中，不也包含着对美究竟是什么的一种回答吗？

所以，尽管现代西方美学对这种从哲学出发的美学观或美学思想，经常予以嘲弄和讥评。但始终拿不出能够匹敌这些哲学巨匠们的东西来。也许，现代生活的花花世界使人

---

① 1858 年版《新亚美利加百科全书》中的美学条目（见《美学》第 2 期），虽至今尚无足够材料证实，但我倾向认为出自马克思的手笔（大概少数词句被人修改过，但基本上是马克思写的）。

对抽象思辨失去了兴趣。也许，精确的现代科技工艺使人对笼而统之的哲学理论感到厌倦和不可信任。但没有哲学，又如何在总体上去把握和了解世界和自己，去寻索和表达对人生的探求和态度呢？人们总有对美和艺术本质作形上思索的爱好，看来并非偶发事件。现代西方在哲学美学上的理论苍白，并不能证明美的哲学已经终结，也许恰好是相反的证明：任何心理学和社会学的科学研究都替代不了美的哲学思辨。

所以，尽管我提倡美学的分化和科学化，提倡实用美学、科学美学等，但我也仍愿强调保留这块哲学美学的自由天地。因此也愿意重复指出，为什么美学史最重要的著作和理论仍然是美的哲学？为什么美学属于哲学学科？……这是因为美的哲学所要处理、探寻的问题，深刻地涉及了人类生存的基本价值、结构等一系列根本问题，涉及了随时代而发展变化的人类学的本体论。有人说，哲学可以列一个表，那么这个表便经常如下表所示：

	真	善	美
哲学	知识	意志	情感
	工艺技术、自然科学、社会科学	行为、制度、道德、人文学科	各类艺术
	认识论	伦理学	美学
	描述语言，事实世界	指令语言，价值世界	感觉语言，心理世界

　　如前所说，任何分类总有牵强之处，用简单的表格来划分复杂的问题，更是如此。而且这张表也似乎太粗糙、太简单化、太不精确了。究竟什么是"知"、是"情"、是"意"呢？难道"知"里没有"意"和"情"吗？"情"中没有认识和伦理吗？意志不是在理智认识的支配控制下吗？……可以提出一大堆疑难。这种划分似乎与现代科学的严格要求距离太远。真、善、美，知、情、意这种种概念似乎太古老陈旧，应该废除了。然而，这并没有办到。尽管现代科技如何飞速发展，如何精密准确，正如维特根斯坦所说，人生问题仍然没有解答。有关人类存在的这些基本价值**语词**，以及它们的这种区划，尽管是那样的模糊笼统，却仍然保持着它长久而动人的魅力。真是什么？善是什么？美是什么？它们的联系与区别是什么？它们与人类的总体和个体存在的意义、目的、关系如何？……仍然在不断地引人思索。对人生的哲理思辨，将永远随时代而更新，人的永恒存在将使人的这种自我反思的哲学永恒存在，将使美的哲学探索永恒存在。我曾说过，哲学是研究人的命运的。所以它才是"人生之诗"，从而具有那永恒的魅力。谁能不关怀命运呢？所以，我不认为哲学只是分析语言的学科，也不认为哲学只是科学方法论，不管这种方法论的范围如何广大，哲学始终是科学加诗。这个"加"当然不是两种事物的拼凑，而是指具有这两个方面的内容、因素或成分。它有科学的方面和内容，即有对客观现实（自然、社会）的根本倾向做概括领悟的方面，但并非某种科学的经验论证；同时它也有特定时代、社会的人们的主观意向、欲求、情致表现的方面，其中总包含有某种朦胧的、暂时还不能为科学所把握所规定的东西，这东西又总与人的存在或本质、人生的价值和意义、人的命运和诗情纠缠在一起。每个不同的时代和社会，赋予这些永恒课题以具体的新内容，所以，真、善、美这些古老课题，及其哲学探讨，不断变化又万古常新，每一个时代、每一种学派都将对这些涉及人类价值的基本课题和语词作出自己的重要回答和应用。正因为这些回答和应用涉及的经常是整个人生或世界，它就影响、支配和决定对其他许多问题的回答和探讨。例如，对艺术的不同哲学看法，必然决定或影响着对各种艺术作品、流派、历史以及艺术创作、欣赏、批评的品鉴、研究或评价，虽然这种决定或影响可能是间接而曲折的。

没有纯粹的哲学，哲学总是自己时代意识和人生之诗的精华。它是精华，可以抽象而高远，似乎不食人间烟火；它是自己的人生，所以总与自己时代的伦理、科学和艺术有深刻的瓜葛和牵连。哲学总包含、包括或代表着自己时代的科学主流中的某些东西，是这些东西的升华或抽象。正如笛卡儿哲学与当时的数学、洛克与心理学、康德与牛顿、黑格尔与当时科学中的进化观念、现代哲学与语言学……的关系一样，美的哲学亦复如此。在众多的美的哲学中，它们也常各有所侧重，各个包含着不同方面的科学内容或疑问。例如在康德的美学中，特别是"美的分析"中，更多的是审美心理学的问题，由审美现象的描述涉及了心理本体的建构。黑格尔的美学更多是艺术史方面的内容，由各类艺术的历史学描述涉及了心理本体的对应物，那物态化的时代精神。两个哲学体系大有区别，美学面貌也迥然不同。

3. 马克思主义美学

　　那么，马克思主义美学呢？前面讲过，中国现代美学的主流是马克思主义美学，离开了这个现实的审视来谈美学一般，将是一种逃避和怯懦。

　　从马克思、恩格斯开始，到卢卡契、阿多诺，从苏联到中国，迄至今日，从形态说，马克思主义美学主要是一种艺术理论，特别是艺术社会学的理论。马克思、恩格斯讲现实主义，论歌德，评拉萨尔的悲剧，评论《城市姑娘》《巴黎的秘密》，提及莎士比亚、巴尔扎克、席勒、狄更斯、乔治·桑等，主要都是讲的艺术问题。以后，拉法格对雨果的评论，梅林对莱辛、海涅等的研究，普列汉诺夫对从原始艺术到十九世纪末印象派的研究和评论，都如此，都是以艺术作为主要对象和题目。 到列宁的《党的组织和党的文学》，论托尔斯泰的著名论文，到毛泽东，仍然如此，并变本加厉。即使是卢卡契非常重视美学特征，也仍然是从文艺与社

会关系这个基础来立论。马克思主义美学的艺术论有个一贯的基本特色，就是以艺术的社会效应作为核心或主题。这社会效应，又经常是与马克思主义提倡的无产阶级的革命事业和批判精神联系在一起加以考虑、衡量、估计和评论的。所以西方某些美学文选中，常把托尔斯泰论艺术和马克思主义论艺术放在一起，这就是因为托尔斯泰强调艺术必须起宗教的社会效应或功能，马克思主义则要求无产阶级艺术起革命的作用，尽管两者内容根本不同，但从强调艺术与社会的关系，强调艺术对社会的效应、功能、作用、意义来说，是相同的。直到现在，我们说艺术是上层建筑，艺术是对社会生活的反映，又反作用于社会，艺术为人民、为社会主义服

务，等等，都仍是围绕着艺术对社会的效应关系讲的。包括普列汉诺夫讲艺术起源，讲美是由实用到超功利，也是围绕这问题。所以说，马克思主义美学主要是一种讲艺术与社会的功利关系的理论，是一种艺术的社会功利论。

西方近现代美学主要是从心理上讲艺术，他们常常强调艺术的非社会功利性的审美特征。像很出名的布洛（E. Bullough）的"距离说"，便是要求审美要保持超功利的心理距离。这一理论现在大家已经比较熟悉了。

有趣的是，马克思主义者葛兰西（Gramsci）也曾提出一个"距离说"。他的"距离说"，恰恰与布洛相反，他认为尽管艺术是艺术，不能从外面强加什么东西在上面，但我们在艺术欣赏时却决不能陶醉在审美里面，钻进象牙之塔，而必须保持一定的距离，才能站在维护社会文明的立场，采取一种文化批判的态度。因而他的"距离说"，恰恰是强调必须与纯粹审美的欣赏保持一定的距离。这也就是说艺术、艺术创作和艺术欣赏都不仅是审美的，而且是作为文化的一个

● 托尔斯泰像　［俄］列宾

部分，它是有社会的效应和作用的。这当然实际也是要艺术为现实服务，要求用批判的眼光来观赏和对待过去的艺术和创造新的人民和无产阶级的艺术。可见，这两种"距离说"，各自强调两个不同的方面，一个强调超社会功利性的审美心理特征，一个强调艺术的审美与社会功利的密切联系，或者说是强调除审美外，艺术有社会的、政治的、文化的作用和功能。到毛泽东提出文艺有政治标准和艺术标准这样两个标准，便以突出的对立形式发展这一观点。毛泽东强调政治标准第一，这也正是马克思、恩格斯强调艺术反映现实、服务于现实，和列宁提出的艺术的党性原则的进一步的发展，它甚至还可以追溯到黑格尔关于艺术的内容和形式的区别、强调内容决定形式等论点。从指导艺术实践的角度看，恩格斯希望写出典型的革命的无产者，列宁对高尔基《母亲》的高度评价（尽管《母亲》在艺术上并不算上乘之作，比高尔基的自传体的三部曲差得远），也都是从革命的社会效应来着眼的。毛泽东《在延安文艺座谈会上的讲话》系统化了这些思想，而且还加上了中国自己的传统。中国除了"文以载道"这一古老的传统意识外，中国的新文艺，从五四时代起，也经常是与社会斗争、革命要求以至革命战争密切联系在一起的。我常说，中国现代文艺实践是文工团的传统。①在战争和行军途中，不是有打着快板鼓

---

① 参阅拙著《中国现代思想史论》，北京，人民出版社，1987.

励士气的宣传员吗？不是有油印或手抄的战地小报吗？不是有自编自导的歌舞说唱吗？在烽火连天的抗日战争岁月里，不是有信天游新民歌、兄妹开荒的秧歌舞吗？不是有抗战歌曲和木刻吗？五四以来的新文学的主流也大都是"为人生而艺术"，鲁迅、郭沫若、茅盾、巴金、艾青、老舍等，大都是以反映社会现实或服务于人生为创作主题或目的。中国现代文艺的很大一部分就是从这里起步和发展的，它们常常是异常直接地为现实生活以至为革命斗争服务的。尽管葛兰西反对艺术是规定了的政治宣传，毛泽东也讲过标语口号式的文学不能起艺术作用，但要求艺术直接服务于社会的、政治的、军事的、文化的需要这一基本论点，还是压倒一切和相当突出的。在那个血肉横飞、战斗激烈的时代和氛围里，你也决不会整天唱《教我如何不想她》之类的歌曲，演《樱桃园》《哈姆雷特》之类的戏剧，尽管它们艺术水平如何高如何美。而更多是唱"黄河在怒吼，黄河在咆哮"和演《放下你的鞭子》《白毛女》，尽管它们在艺术上可能相当粗糙。

正由于高度重视和主要着眼于艺术对现实生活和革命斗争的实际效用，从而强调艺术对现实生活的某种模写、反映、认识，便成了基本美学理论。十九世纪欧洲现实主义文艺洪流又从作品上印证着这一理论。所以，从马克思、恩格斯、列宁、毛泽东到卢卡契，反映论的认识论成了马克思主义美学的基石。马克思提到巴尔扎克小说的认识功能，恩格斯提出"典型环境中的典型性格"，列宁认为托尔斯泰是"俄国革命的一面镜子"，毛泽东要求为工农兵、写工农兵，卢卡契更从学术上详细论证了艺术源起于巫术，它模拟现实，作用于现实，等等。

所以，从理论传统和实践传统看，马克思主义美学这种特征是有其时代历史的原因的。它是马克思主义本身的批判性、革命性和实践性在艺术—美学领域中的体现。这就是我们所习惯了的马克思主义美学。在中国，它从二十世纪三四十年代起开始广泛传播，1949年后占据了统治地位。直到现在，我们的文艺教科书、美学书一般还是这样讲的。但现在问题来了，许多同学反映，这一套已经听腻了，它解决不了目前艺术实际中存在的许多问题，不能解释今天人们对艺术欣赏、艺术创作的状况、要求和愿望，也不能说明现代世界艺术的复杂情景。于是同学们不感兴趣，认为它不是美学，要求用西方美学替代它。可是一些老师讲，这确实是马克思、恩格斯、列宁和毛泽东讲的呀！这确确实实是马克思主义的美学呀，如何能离开它，另起炉灶呢？这似乎是在美学中坚持不坚持马克思主义这样一个非同小可的政治问题。于是，两边弄得很僵，矛盾尖锐。

那么，究竟怎样来处理这个问题呢？我觉得，还是遵循"不要哭，不要笑，而要理解"这个原则好，就是说，不必情感冲动，以爱憎代替判断；不因憎恶教条而痛斥马列，也不为"捍卫马列"而大骂青年。重要的是理解。而任何理解都是历史的理解，即通过理解历史，理解自己的现在。而理解历史又包含理解我们现在的历史性的生存特征在内。人如果不盲目地作为生物的自然族类存在，便该存在在自我意识中，也就是存在在对自己的理解和解释之中。只有理解和解释了自己的存在，自己也才真正存在。对马克思主义美学也应作如是观。

先扯远一点。我常常感觉，某些伟大的思想家在早期建立的自己整体世界观中，具有多方面的丰富思想。但在他以后的一生中，多半是自觉或不自觉地依据时代的需要，充分发展了他的世界观或思想中的某些方面而并非全部。例如，康有为的《大同书》便包含了许多进步的、革命的思想。在百年以前，康有为就提出，男女结婚可订一年为期的合同，到期合适的可续约，不合适的就自动解除婚约。一百年前的中国是什么社会情况和气氛？"三从""四德""烈女""节妇"的封建礼教占统治地位。在男人剪辫、女子放足都阻力极大、非常困难的社会环境和政治条件下（当时资本主义的西方世界在性问题上还非常保守），却居然能提出这种思想，那是很了不起的。这不过一个例子。他的《大同书》中还有好些现在看来也很激进的思想，如人死后火葬，骨灰用以肥田，如废除国家等。但康有为始终不肯公开发表《大同书》，以后也未作发挥，只给几个最要好的学生朋友讲讲。他认为如果公开这些先进思想，反而会妨碍现实斗争。他把主要精力放在研究、策划、制定君主立宪的变法维新的具体问题上，提出一系列的战略、策略主张。康有为的学生们当然就更是这样。我觉得，马克思也有类似的情况。马克思青年时期未曾发表的《1844年经济学—哲学手稿》中，便有许多极其丰富的、重要的、宝贵的思想，然而，由于当时阶级斗争、政治斗争和马克思本人专注于无产阶级革命事业的理论和实际，马克思本人和他的追随者、继承者如恩格斯、伯恩斯坦、考茨基、李卜克内西、梅林以及普列汉诺夫、列宁、卢森堡、第二、第三国际等，都主要发挥发展了有关革命事业这一方面的理论学说。如上面所说，包括美学—艺术理论，也主要从这个角度着眼，而把《手稿》中以及《政治经济学批判（1857—1858年手稿）》中尚未详细论证的其他一些重要的、珍贵的思想忽略过去或暂时搁置起来了。

这个情况现在该是可以改变的时候了。马克思主义及其美学必须随现时代的需要和特质来发展自己，否则就难以生存。坚持不是发展，发展才是坚持。

那么，什么是我们现时代的特点呢？如果说，马克思、恩格斯所处的时代是自由资本主义时期，在艺术和美学领域是以浪漫主义（包括批判的现实主义）到印象派的自我表现为特征；如果说列宁所处的时代是帝国主义瓜分殖民地引起世界大战的时期，在艺术和美学领域是抽象主义以丑为美以苦为乐的自我抗议的异化理论和艺术符号为特征；那么，自第二次世界大战以后则进入后帝国主义的后期资本主义时期，殖民地已纷纷独立，构成了庞大的第三世界，现代科技和生产力的猛增，跨国公司的强大，中小企业的繁荣，白领的扩大……使世界的经济、政治、文化日益在进入一个新的阶段，在艺术—美学领域，则以多元化的不拘一格、艺术与日常生活的空前广泛地渗透、花样翻新的加速度和商业文化与反商业文化的对抗和对流等为特征。就中国说，新时代最大特征之一是开始结束了几十年和几千年的封闭状态，中国文明将第一次跨入世界之林，与其他文明作真正的对话和交流。物质文明在走上现代化的道路，那么，中国的马克思主义哲学美学该怎么办呢？作为人生之诗的哲学美学，能不去理会不去涵盖这些时代因素吗？能够超越这一切具体时空和历史性，来作纯粹的语词游戏或精神翱翔吗？

目前关键问题是马克思主义的理论研究（不仅是文艺—美学理论），如何转到适应新的历史时期的时代需要上来。例如，到目前为止，许多人（也包括西方的一些马克思主义者）一直强调马克思主义是革命的理论、批判的理论，诚然，马克思主义是革命的理论、批判的理论，但它只是这种理论吗？在现时代，不论在东方还是西方，光坚持或只谈是革命的理论，已经不够了。它只是马克思主义的一个方面，

尽管曾经是主要的基本的方面。但无论如何，阶级、阶级斗争、革命都只和一定的历史阶段相联系。在漫长的人类历史上，它毕竟是比较短暂的现象。不能天天革命，岁岁战争。阶级斗争不能"年年讲月月讲天天讲"，并且阶级迟早还要归于消灭。如果认为坚持和发展马克思主义，就是坚持和发展批判、革命，老是不断革命，这就要走向反面，所谓"无产阶级文化大革命"不是最沉重的教训吗？所以，我认为应该明确马克思主义不仅是革命的哲学，而且更是建设的哲学。不但因为我们现在主要是建设，而且因为建设文明（包括物质文明和精神文明）对整个人类来说，是更为长期的、

基本的、主要的事情，它是人类赖以生存和发展的基础。光批判，是并不能建设出新的文明的。我们要从人类总体的宏观历史角度来鲜明地提出这个观点。这观点也正是马克思主义本身的要求，即应该历史地理解马克思和马克思主义。马克思、恩格斯、列宁和毛泽东、葛兰西等人一生处在革命斗争的时代，他们主要发挥了革命思想这个方面。马克思晚年写《哥达纲领批判》，即如此。但马克思在《1844年经济学—哲学手稿》《政治经济学批判（1857—1858年手稿）》以及《资本论》第三卷中，还讲了好些有关文明建设方面的宝贵思想，后来由于上述历史条件的缘故没有充分发挥。现在不正是到了需要根据我国将近四十年来的经验教训，根据国际共产主义运动上百年的经验教训，以及西方资本主义国家的发展情况和世界科学技术革命的发展情况，也就是说，要根据新的历史时期所出现的新情况，对马克思主义加以丰富和发展的时候了吗？马克思主义美学不也是这样吗？不也应该来个根本的转变吗？不应该把艺术不仅作为革命的武器而且更作为建设的结构去考虑吗？建设精神文明就涉及文化—心理结构问题，即心灵塑造和人性培育问题，我以为这恰恰正是今日马克思主义美学所应该加倍重视、研究和解释的主要课题。例如，前面讲过，不但马克思主义美学而且当代西方美学许多流派都把美学看作是有关艺术的理论，那么，自然美包括不包括在内呢？人们的现实日常生活，大至社会的劳动生产过程，人与物、人与机器、人与人以及各部门组织之间的协调和消除科技异化等，小至个体生活的劳逸安排，其中也都包括节奏、韵律、和谐、有机统一等问题，它们与美学无关吗？你的房间，从墙壁色彩到家具组合，甚至一个普通的灯罩、茶杯，也总希望搞得更"合适"一点，你的穿着打扮，从衣服到鞋帽、甚至一个小纽扣也可以有某种"讲究"。老实讲，这些东西在战争年代是顾不上的，但现在却提到日程上来了。那么，把美学仅仅规定为艺术理论（主要又是fine art或专供观赏的艺术），是不是太局限了呢？人们要游历，要观赏自然美，要游玩在大自然中，人们要美化生活，从外表到内心，都希望符合美的要求，美学能不过问吗？所以，前面那张美学多元化的图表，强调美学领域的广大多样，不正是以这种哲学作为理论基础和依据的吗？就是说，不能仅仅从无产阶级革命事业的角度，而更应该从人类总体的物质文明和精神文明的成长建设的角度，即人类学本体论的哲学角度，来对待和研究美和艺术。这样，美学领域自然非常广大，它不只是分析语言，也不止于艺术探究。但广大却又不是什么都可包括。美学不是到处贴用的商标，所以我不承认有什么伦理美学、新闻美学等。把什么都看成是美学，等于取消了美学。关于伦理美学等何以不能成立，已在别处讲过，这里便不再谈了。

4. 人类学本体论的美学

这里要谈的只是哲学问题，即指出如果从人类学本体论的哲学角度去研究美学，就会与过去讲的所谓马克思主义美学有很大的不同。过去多半是外在地去描述、探讨和研究艺术作为社会现实的反映、艺术作为上层建筑、艺术与生活、艺术与政治以及艺术的主题、题材、体裁、技巧和艺术家个人等，注意分析作品内容和作家思想，分析它们与社会的关系，总之是外在地把艺术归结为为生活服务。但这个"服务"究竟是如何具体地实现的，其实谈得很少。现在，如果围绕如何塑造人的心灵着眼，来分析、考察审美经验和艺术现象（艺术品、艺术家、艺术史、艺术创作、艺术欣赏、艺术批评），把艺术与生活与政治的外在一般论断，转变为、了解为内在的过程，这就多了一个层次，使问题深入和细密了。这就也把艺术与生活的关系，反映和反作用的原理真正落实到审美心理的实处，它要求探索或回答审美过程中的许多复杂的具体问题。

不但提出问题具有时代性：人们已不满足于外在地解说艺术与生活的关系，不满足艺术是革命武器的规定，要求解说艺术如何诉诸人们的欣赏，人们为什么需要艺术，也要求解说艺术为什么在特定时期能成为革命的武器，什么时候又不能；而且解决问题也具有时代性：现代心理学、艺术史方面的材料和论点，以及如接受美学强调作品与读者的关系、心理分析学的无意识理论、格式塔心理学的感知理论、新批评派和结构主义对作品的客观分析等，提供了许多可以改造、利用、吸取的有用材料，如果善于利用和吸取它们，大大有利于我们去发展人类学本体论美学。

有一句老生常谈，说艺术家是人类灵魂的工程师，其实这句话深刻地揭示了艺术担负着塑造人的心灵以建设精神文明的艰巨任务。塑造心灵用中国的古话说，就是"陶冶性情"，也即是培育人性。我们如果把艺术放在塑造心灵、陶冶性情、培植人性的基础上，充分利用现代各门科学的成果和材料，那么不但使马克思主义美学而且也会使整个美学的面貌焕然一新。

讲艺术是塑造心灵、陶冶性情、培育人性，有没有马克思主义的理论根据呢？我认为是有的。这就是马克思在1844年《手稿》中讲的"自然的人化"思想。前面讲到伟大的思想家早期有些宝贵思想，后来不一定都得到充分发挥，马克

思关于"自然的人化"思想就是如此。它留给我们这些处在新时代面临新需要的人去思考、去探索、去发挥。我已多次说过，"自然的人化"包括两个方面。一方面是外在自然的人化，即山河大地、日月星空的人化。人类在外在自然的人化中创造了物质文明。另一方面是内在自然的人化，即人的感官、感知和情感、欲望的人化。动物也有感知、欲望和情感，动物性的感知、欲望、情感变成人类的感知、欲望和情感，这就是内在"自然的人化"。人类在内在自然的人化中创造了精神文明。所以自然的人化是物质文明与精神文明双向进展的历史成果。它虽然不是准确的一一对应，有时这方面进展快点，那方面进展慢点；有时那方面进步多点，这方面进步少点。但总的来看，是彼此相互对应，双向进展的。外在自然的人化，人类物质文明的实现，主要靠社会的劳动生产实践。内在自然的人化，人类精神文明的实现，就总体基础说仍然要靠社会的劳动生产实践，就个体成长说，主要靠教育、文化、修养和艺术。

随着科技发展，可以有非常发达的物质文明。与此相适应，就应该建设一个发达的精神文明，使我们的心灵变得更加丰富、细致、充实和复杂。这不仅是中国要解决的课题，也是世界要解决的课题。有人说西方物质文明越发达，精神文明越贫困，这说法未免太简单化了。但是在西方的发达国家里，确实也存在着精神困惑和苦恼。本来，人们对物质的要求，比如手表，有一块就行了，并不需要戴三块表，家里有一两台彩电和电冰箱就足够了，吃、穿、用等物质需要都有一定限度，比较起来容易满足。但精神的追求却不是这样，它常常是无限的，不好解决，难以满足。特别是在物质文明高度发达后，人们的物质生活比较好了，那什么是生活目的和人生意义呢？人们感到空虚、寂寞、孤独和无聊。再过一两百年，也许能在世界范围内基本和逐渐解决物质匮乏、吃饱穿暖的问题，于是人类往何处去？即人类命运问题，个体寻觅其存在意义问题，等等，不也就变得更为突出了吗？人被一个自己制造出来并生存于其中的庞大的机器包围着、控制着，什么是真正的自己呢？凡此种种，均足见随着现代科技的高度发展，文化心理问题愈来愈显得重要，将日益成为未来世界要求思考的课题。哲学应该看得远一点，除了继续研究物质文明中的许多课题外，应该抓紧探究文化心理问题。把艺术和审美与陶冶性情、塑造文化心理结构（亦即建立心理本体）联系起来，就可以为发展美学开拓一条新路。

从现代美学史来看，表现论早已衰落，自我表现的浪漫时代早已逝去；代之而兴的符号论，也日益走近尾端。福柯（M. Foucault）对理性乃权力之牢笼的极力抨击，德里达（J. Derrida）将语言融解于具体时空关系的解构（deconstruction），使这个被作为理性符号的语言所控制、支配的世界，由双义、多义而无意义。那么，从这语言的哲学形上解构中，从这个理性牢笼的解脱中，是否可以由隐喻、转喻而指向一个"意在言外"或"言有尽而意无穷"的审美世界呢？以语言为最终实在的现代哲学正在崩毁过程中，一方面分析哲学使所谓哲学成为技术学和律师学，另一方面解构主义将多义的不确定的语言彻底消解。是否能从这个崩毁的哲学世界中走出来，提供一点正面的建设意见呢？是否可以从美学来着手这种建构呢？这样，是不是便可以与建设心理本体的人类学本体论的要求相交会呢？

哲学研究人（人类及个体）的命运，或者更准确一点说，哲学是对人的命运的关怀、思考和谈论。从机械化的理性桎梏和语言世界中逃脱，从一个破碎的解构废墟上重新站起，不正是人类学本体论或主体性实践哲学（二者异名而同实）所要面临、关怀、思考和探究的现代人的命运吗？

那么，什么是"人类学本体论哲学"或"主体性实践哲学"呢？这两个名称是我在《批判哲学的批判》一书中提出来的。

　　本书所讲的"人类的""人类学""人类学本体论"，就完全不是西方的哲学人类学之类的那种离开具体的历史社会的或生物学的含义，恰恰相反，这里强调的正是作为社会实践的历史总体的人类发展的具体行程。它是超生物族类的社会存在。所谓"主体性"，也是这个意思。人类主体既展现为物质现实的社会实践活动（物质生产活动是核心），这是主体性的客观方面即工艺—社会结构亦即社会存在方面，基础的方面。同时主体性也包括社会意识亦即文化心理结构的主观方面。从而这里讲的主体性心理结构也主要不是个体主观的意识、情感、欲望，等等，而恰恰首先是指作为人类集体的历史成果的精神文化、智力结构、伦理意识、审美享受 ①。

所以，它不是谈某种经验的心理学，而是源自康德以来的人的哲学：

> 康德的先验论之所以比经验论高明，也正在于康德是
> 从作为整体人类的成果（认识形式）出发，经验论则是从
> 作为个体心理的感知、经验（认识内容）出发。维特根斯
> 坦以及现代哲学则更多地从语言出发，语言确乎是区别于
> 其他动物的人类整体性的事物，从语言出发比从感知、经
> 验出发要高明得多。但问题在于，语言是人类的最终实在、
> 本体或事实吗？现代西方哲学多半给以肯定的回答，我的
> 回答是否定的。人类的最终实在、本体、事实是人类物质
> 生产的社会实践活动。在这基石上才生长起符号生产（语
> 言是这种符号生产中的主要部分）。当然，语言与社会实
> 践活动的关系是异常复杂的，维特根斯坦也已明确指出，
> 语言是由社会生活和社会性的实践活动所决定，并且是由
> 社会性的语言决定个体的感知，而不是相反。这一切都相
> 当正确，现在的课题是如何从发生学的角度来探讨人类原
> 始的语言——符号活动与社会实践活动（其中又主要是维

---

① 《批判哲学的批判》，北京，人民出版社，1984，第 94 页。

持集体生存和繁殖的物质生产活动）的关系和结构。从哲学上说，这也就是，不是从语言（分析哲学）、也不是从感觉（心理学），而应从实践（人类学）出发来研究人的认识。语言学、心理学应建立在人类学（社会实践的历史总体）的基础上，这才是马克思主义的能动的反映论，也就是实践论。真正的感性普遍性和语言普遍性只能建筑在实践的普遍性之上。①

　　所以，如果从美学角度来看，我以为，并不是如时下许多人所套的公式，康德→黑格尔→马克思，而应该是：康德→席勒→马克思。贯串这条线索的是对感性的重视，不脱离感性的性能特征的塑形、陶铸和改造来谈感性的统一。不脱离感性，也就是不脱离现实生活和历史具体的个体。当然，在康德那里，这个感性只是抽象的心理；在席勒，也只是抽象的人，但他提出了人与自然、感性与理性在感性基础上相统一的问题，把审美教育看作由自然的人上升到自由的人的途径，这仍然是唯心主义的乌托邦，因为席勒缺乏真正历史的观点。马克思从劳动、实践、社会生产出发，来谈人的解放和自由的人，把教育建筑在这样一个历史唯物主义的基础之上。这才在根本上指出了解决问题的方向。所以马克思主义的美学不把意识或艺术作为出发点，而从社会实践和"自

---

① 《批判哲学的批判》，北京，人民出版社，1984，第76页。

然的人化"这个哲学问题出发。①

　　教育学的任务之一就是要探究和建设人的心理本体，作为美学内容的美育，便是这样。它们都隶属于人类学本体论的哲学。

　　人类学本体论的哲学基本命题既是人的命运，于是，"人类如何可能"便成为第一课题。《批判哲学的批判》就是通过对康德哲学的评述来提出和初步论证这个课题的。它认为认识如何可能、道德如何可能、审美如何可能，都来源和从属于人类如何可能。人类以其使用、制造、更新工具的物质实践构成了社会存在的本体（简称之曰工具本体），同时也形成超生物族类的人的认识（符号）、人的意志（伦理）、人的享受（审美），简称之曰心理本体。理性融在感性中、社会融在个体中、历史融在心理中……有时虽表现为某种无意识的感性状态，却仍然是千百万年的人类历史的成果；深层历史学（即在表面历史现象底下的多元因素结构体），如何积淀为深层心理学（人性的多元心理结构），就是探究这一本体的基本课题。如果说，自古典哲学解体之后，十九世纪曾经是历史学派（马克思、A. Comte、E. Durkheim等），二十世纪是心理学派（弗洛伊德、文化心理

①《批判哲学的批判》，北京，人民出版社，1984，第414页。

学派等）占据人文学科的主流，那么，二十一世纪也许应是这二者的某种形态的统一。寻找、发现由历史所形成的人类文化—心理结构，如何从工具本体到心理本体，自觉地塑造能与异常发达了的外在物质文化相对应的人类内在的心理—精神文明，将教育学、美学推向前沿，这即是今日的哲学和美学的任务。

正如维特根斯坦所说，哲学不能失去问题。像黑格尔那种包容一切问题的体系和方法，将没有意义。人生问题永恒存在，它无法失去；失去了，哲学也就不再有动力，而成为计算机之类的科学软件。心理本体正是未曾失去问题并与人生之谜紧相纠缠的现代课题。

在现代哲学和现代思想中，除维特根斯坦提出语言本性的重大关键外，以马克思、弗洛伊德所提示的问题最为重要。他们两个人实际上提出的是人的食、色两大课题。生——人如何现实地活着，于是有社会存在—生产方式—阶级斗争—共产主义理想诸题目；性—快乐原则与现实原则—生本能与死本能等。海德格尔（M. Heidegger）则提出死——人如何自觉意识其当下的存在——来作为补充。它们从不同角度在不同种类和层次上都紧紧抓住了人的感性生存和生命存在。这生存和存在是非理性的，所以人永恒地不会等同于逻辑机器，这正是人文特征所在。但人又正以理性去把握、理解和渗入这非理性的存在，包括弗洛伊德、海德格

● 让·日奈 ［瑞士］贾科梅蒂

尔也十分强调社会性、理性的主宰，于是，社会性（理性、语言）与个体性（非理性、生存）始终是问题关键所在。语言是社会的，却与人的生存方式相关；它是公共的交流手段，却与个体经验相纠缠。生、性、死是属于个体的，却又仍然从属于社会；它们是自然生物性能，却同时也是历史的遗产。但人类的历史遗产首先是工具本体，不同时代、社会的物质文明，历史具体地提供和实现个体的不同的生（如生活方式）、性（如婚姻形态）、死（如战死或寿终的不同意识）和语言（Sapir- Whorf 理论）。但它们虽然是社会的理性统计数字，却同时又是活生生的个体的独特经验和心理。所以人类历史的遗产也包括心理本体。工具本体通过社会意识铸造和影响着心理本体，但心理本体的具体存在和实现，却只有通过活生生的个人，因之对心理本体和工具本体不仅起着充实而且也起着突破的作用。如果再粗略分解一下，则"食色性也"，马克思与弗洛伊德所涉及的根本问题，是个体又兼社会的；海德格尔的"死"，基本上是种个体的自我意识、自我醒觉；维特根斯坦基本涉及的是社会性，不承认有私人语言。看来，在马克思和弗洛伊德所提供的人类生存的基础上，融会维特根斯坦和海德格尔，似乎是当下哲学—美学可以进行探索其命运诗篇的方向之一。这诗篇与心理本体相关，心理本体又与个体—社会即小我—大我相关。

所以，《批判哲学的批判》曾提出"大我"（人类集体）与"小我"（个体自我）问题，认为，"具有血肉之躯的个体的'我'，历史具体地制约于特定的社会条件和环境，包括这个个体的物质需要和自然欲求都有特定的社会的历史的内容。看来是个体的具体的人的需要、情欲、存在，恰好是抽象的、不存在的；而看来似乎是抽象的社会生产方式、生产关系，却恰好是具体的、历史现实的、真实存在的。不变的共性也许只是动物性，不同的生存、婚姻、美味、爱情都具体地制约和被决定于社会环境和历史。康德、黑格尔早就指出，单独的个体是动物性，客观性、理性都来自群体社会。应该说作为动物，人的个体存在的价值、意义、独特性、丰富性并不存在，所有这些恰恰是人类历史的财富和产物。"[1]但另一方面，《批判哲学的批判》更强调，"应该看到个体存在的巨大意义和价值将随着时代的发展而愈益突出和重要，个体作为血肉之躯的存在，随着社会物质文明的进展，在精神上将愈来愈突出地感到自己存在的独特性和无可重复性。"[2]荣格（C. G. Jung）的集体无意识原型涉及"大我"，固然重要，但弗洛伊德之所以仍然比容格更有力量，却正在他牢牢抓紧了作为个体具体生存的感性根本动力。

---

① 《批判哲学的批判》，北京，人民出版社，1984，第432—433页。
② 《批判哲学的批判》，北京，人民出版社，1984，第433—434页。

女子肖像 ［意］达·芬奇

人类学本体论的哲学（主体性实践哲学）在探讨心理本体中，当然要对"生""性""死"与"语言"以充分的开放，这样才能了解现代的人生之诗。在这前提下的哲学美学便也属于人的现代存在的哲学。它关心的远不止是艺术，而涉及了整个人类、个体心灵、自然环境，它不是艺术科学，而是人的哲学。由这个角度谈美，主题便不是审美对象的精细描述，而将是美的本质的直观把握。由这个角度去谈美感，主题便不是审美经验的科学剖解，而将是提出陶冶性情、塑造人性，建立新感性；由这个角度去谈艺术，主题便不是语词分析、批评原理或艺术历史，而将是使艺术本体归结为心理本体，艺术本体论变而为人性情感作为本体的生成扩展的哲学。

下面就来简单看看这三个方面。

美学四讲
FOUR ESSAYS ON AESTHETICS

美

1. 美是什么

要问美是什么，首先得注意"美"这个词的含义是什么。

关于美学和谈美的文章和书籍已经太多了，可惜的是，却从未见有专文或专著对"美"这个词在日常汉语中使用的情况、次数、含义的调查、分析和说明。

"美"这个词首先可作词（字）源学的探究。中国汉代许慎的《说文解字》，宗旨就是"说其文，解其字也"，研究汉字结构，追溯造字根源及其本义。现代海德格尔、伽达默尔（H. G. Gadamer）等哲学家也极讲究词的来源。

从字源学看，根据《说文解字》：羊大则美，认为羊长得很肥大就"美"。这说明，美与感性存在、与满足人的感性需要和享受（好吃）有直接关系。

另一种看法是羊人为美。从原始艺术、图腾舞蹈的材料，人戴着羊头跳舞才是"美"字的起源，"美"字与

"舞"字最早是同一个字。这说明，"美"与原始的巫术礼仪活动有关，具有某种社会含义在内。

如果把"羊大则美"和"羊人为美"统一起来，就可看出：一方面"美"是物质的感性存在，与人的感性需要、享受、感官直接相关，另一方面"美"又有社会的意义和内容，与人的群体和理性相连。而这两种对"美"字来源的解释有个共同趋向，即都说明美的存在离不开人的存在。

在古代，"美"和"善"是混在一起的，经常是一个意思。《论语》讲"里仁为美"，又讲子张问"何谓五美？"孔子回答说："君子惠而不费，劳而不怨，欲而不贪，泰而不骄，威而不猛。"这里的"美"讲的都是"善"。据有人统计，《论语》中讲"美"字十四次，其中十次是"善""好"的意思。在古希腊，美、善也是一个字。所以，似乎可以说，这些正是沿着"羊人为美"这一偏重社会性含义下来的。但同时，"美""善"也在逐渐分化，《论语》里就有"尽美矣，未尽善也"，等等。

上面是从字源学来讲，那么"美"字在今天日常的语言中，到底又是什么意思呢？它一般又用在什么地方呢？在我看来，它至少也可分为三种，具有三种相联系而又有区别的含义。

第一种，它是表示感官愉快的强形式。饿得要命，吃点东西，觉得很"美"。热得要死，喝瓶冰镇汽水，感到好痛快，脱口而出"真美"。在老北京，大萝卜爽甜可口，名叫"心里美"。"美"字在这里是感觉愉快的强形式的表达，即用强烈形式表示出来的感官愉快。实际也可说就是"羊大则美"的沿袭和引申。

第二种，它是伦理判断的弱形式。我们经常对某个人、某件事、某种行为赞赏时，也常用"美"这个字。把本来属于伦理学范围的高尚行为的仰慕、敬重、追求、学习，作为一种观赏、赞叹的对象时，常用"美"这个字以传达情感态度和赞同立场。所以，它实际上是一种伦理判断的弱形式，即把严重的伦理判断采取欣赏玩味的形式表现出来，这可说是上述"羊人为美"、美善不分的延续。

第三种，专指审美对象。

在日常生活中，"美"字更多是用来指使你产生审美愉快的事物、对象。我们到承德，参观避暑山庄和外八庙，感到名不虚传，果然"美"。看画展，听音乐，种种艺术欣赏，也常用"美"这个词。这当然就属于美学的范围了。这就不是伦理道德的判断，也不是感官愉快的判断，而是审美判断了。

但是，就在美学范围内，"美"字的用法也很复杂，也包含有好几层（种）含义。对承德的园林、庙宇，我们用"美"这个词，但是对当地的磬锤山，我们就并不一定用"美"，而是用"奇特"这个词来赞赏它。读抒情诗、听莫扎特，常用"美"来赞叹，但是我们读《阿Q正传》，听贝多芬，却不一定用"美"这个词。特别是欣赏现代西方艺术，例如毕加索的画，便很少会用"美"来表达。几十年前，西方就有好些人主张取消"美"这个词，用"表现"来替代它。此外，又如西方的"崇高"，便是与"美"并列的美学范畴，其中包含丑的因素。在中国，大概与传统哲学思想有关系，习惯上却都用"美"这个词，例如阳刚之

美、阴柔之美，壮美、优美，等等，把"崇高"等也都算作"美"了。其实"古道西风瘦马"与"杏花春雨江南"，便是两种根本不同的美；悬崖峭壁与一望平川，也是不同的美。但由于中国传统经常把一切能作为欣赏对象的事物都叫"美"，这就使"美"这个词泛化了。它并不能完全等于英文的"beauty"，而经常可以等同于一切肯定性的审美对象。就是说，把凡是能够使人得到审美愉快的欣赏对象就都叫"美"。

从"美"等同于具有肯定性价值的审美对象来看，美总是具有一定的感性形式，从而与人们一定的审美感受相联系。讲到这里，我想提及一下日本的今道友信教授的观点。今道写的《美的相位与艺术》是从哲学上讨论美的，比较深入。他认为美与人的感受无关，主张从康德回到柏拉图。这我是不同意的，我认为美必须具有感性形式，从而诉诸人的感性。是柏拉图还是康德，这是一个很有意思的问题，当然

也就涉及"美是什么"的问题了。

那么，美是什么呢？

"美是什么"如果是指"什么是美"即"什么东西是美的"，则是一个有关审美对象的问题，即什么样的具体对象（事物、风景、人体等）会被认为是美的？或者说，具备了什么样的一些条件（主观的或／和客观的），对象就会是美的，就会成为"审美对象"或"美学客体"（在英文是同一个词，即Aesthetic Object）。

许多美学家经常把美看成就是审美对象：一处风景、一件彩陶、一块宝石、一幅名画……这些都是具体的审美对象。审美对象的出现是需要人在欣赏时的一定条件的。朱光潜讲："美是客观方面某些事物、性质和形态适合主观方面意识形态，可以交融在一起而成为一个完整形象的那种性质。"就是说人的主观情感、意识与对象结合起来，达到主客观在"意识形态"即情感思想上的统一，才能产生美。霞

● 清明上河图（局部）［北宋］张择端

光、彩虹、景山、故宫、维纳斯、《清明上河图》……没有
人欣赏，就失去了美的价值。西方近代美学家关于这方面讲
得更多。在这里，他们一个共同特点，就是把美和审美对象
看成一回事。而审美对象是由人们的审美感受、审美态度所
创造出来的。

　　诚然，作为客体的审美对象和许多其他事物一样，是依
赖于主体的作用才成为对象。椅子不被人坐，就不成其为椅
子。再好看的画，若没有人观赏，也不成其为艺术。没有审
美态度，再美的艺术、风景也不能给你以审美愉快，不成其
为审美对象。情绪烦躁、心境不佳，再好的作品似乎一点也
不美。美作为审美对象，确乎离不开人的主观的意识状态。
但是，问题在于，光有主体的这些意识条件，没有对象所必须具有的客观性质行不行？为什么我们要坐在椅子上，不坐在一堆泥土上，因为泥土不具有椅子的可坐性。同样，为什么有的东西能成为审美对象，而有的就不能？我们欣赏自然美，为什么要去桂林？为什么都喜欢欣赏黄山的迎客松，画家都抢着画它？……？就是因为这些事物本身有某种客观的审美性质或素质。可见，一个事物能不能成为审美对象，光有主观条件或以主观条件为决定因素（充分条件和必要条件）还不行，总需要对象上的某些东西，即审美性质（或素质）。即使

● 晴雪长松图轴 ［明］张瑞图

艺术家可以在一般人看不到美的地方发现美、创造美，甚至把现实丑变成艺术美，但是无论人的主观条件起多大作用，总还要有一定的客观根据或资料，而且其艺术作品又总和一定审美性质相联系，即最终还是不能脱离客体一定的审美性

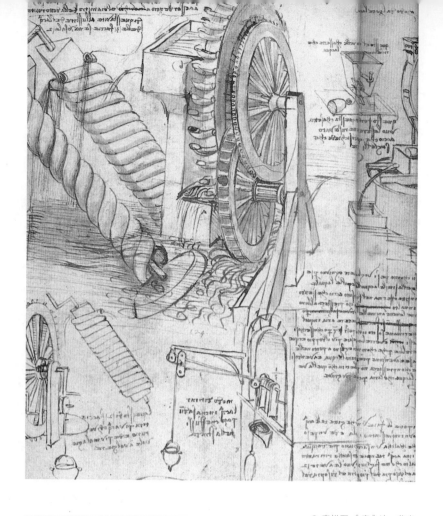

质。所以，如果说，"美"这个词的第一种含义是指"审美对象"；那么它的第二种含义就是指"审美性质"（或"审美素质"）。把"美"主要作为审美对象来看待、论证，产生了各派主观论（美感产生美、决定美）的美学理论，把"美"主要作为审美性质来看待、论证，则产生出各派客观论的美学理论。首先是形式说，古希腊就讲美的各种比例、和谐、变化统一和数学规律性；古代中国讲究所谓五色、五色的协调和谐；荀子和《吕氏春秋》也讲到音乐中的数学；文艺复兴大讲黄金分割……凡此等等，都在说明"美"具有一定的客观性质和形式规律。这在美学上是很重要的，特别在造型艺术中。所谓"按照美的规律来造形"，也确乎包含有这一层含义在内。

关于美的哲学理论，从古到今，种类多矣。但归纳起来，又仍可说是客观论与主观论两大派。这两大派其实也可说与上述对"美"这个词汇的这两种不同解释有关。客观论里又可分为两派，一派如上述认为美在物质对象的形式规律或自然属性，如事物的某种比例、秩序、有机统一以及典型等，一派认为美在对象体现着某种客观的精神、理式、理念等。如果戴顶哲学礼帽，前者可说是静观（机械）唯物论，后者则是客观唯心论。主观论里也有许多派，但都不外是说美在于对象表现了人的主观意识、意志、情感、快乐、愿欲等，美是由人的美感、感情、意识、直觉所创造。这在哲学上可说是主观唯心论。当然，还有所谓主客观统一论，但归根到底主客观统一论又仍可划在上面两大派之内。因为"主客观统一"中的"主"，如果指的是人的意识、情感、意志、愿欲等，就仍可归入主观论。主观论里许多派别，也正是要求一个物质对象（客）来作为表现、体现、移入主观情感、精神的载体的。如果克罗齐（Croce）的表现说算作彻底的主观论，那么立普斯（Lipps）等人的移情说就可算主客观统一论，因为它也要求有一个物质对象作为感情移入的客体。就是崇奉克罗齐的鲍桑葵（B. Basanquet），也强调必须有物质材料作为"直觉即表现"的工具。

本书认为，审美对象之所以能够出现或存在，亦即某些事物之所以能成为美学客体，它们之所以能使人感受到美，确乎需要一定的主观条件，包括具备一定的审美态度、人生经验、文化教养等，在这里，审美对象（美学客体）与审美经验经常难以分割。因此在下讲美感中还要讲到。

现在的问题是，上面已讲过审美对象之所以能出现或存在，还要有客观方面的条件和原因，即审美性质的存在或潜在。那么，这些客观方面的条件、因素、性质等，又是如何可能成为审美性质或素质的呢？

这也就是说，为什么某些形式规律，为什么一定的比例、对称、和谐、秩序、多样统一、黄金分割等，就会具有审美性质呢？为什么它们能普遍必然地给予人们以审美愉快呢？亦即这些形式成为美的规律是如何可能的？它们是如何来的呢？哲学的本性就是喜欢"打破砂锅问到底"，但这"底"却是一个相当棘手的问题，有的美学家对此根本不作回答，有的认为这是由于这种形式规律体现了自然界本身的某种"符合理性"的"内在本质"或过程，换句话说，它们体现了某种神秘的"天意""理性"等。显然，这不能说明问题。真正对此作出了某些解释的，我以为要算格式塔心理学的"同构说"。

格式塔心理学派（Gestalt Psychology）从物理学和生理学出发，提出由于外在世界（物理）与内在世界（心理）的"力"在形式结构上有"同形同构"或者说"异质同构"关系，即它们之间有一种结构上的相互对应。由于事物的形式结构与人的生理—心理结构的大脑中引起相同的电脉冲，所以外在对象和内在情感合拍一致，主客协调，物我同一，从而，人在各种对称、比例、均衡、节奏、韵律、秩序、和谐……中，产生相互映对符合的知觉感受，便产生美感愉快。这派学说我在好些文章中都讲到，下面也常要提到，这里不再多说。总之，格式塔心理学派用主客体的同构说来解释审美性质的根源和来由，指出一定的形式结构，因为同构感应，引发人们特定的知觉情感，从而具有审美素质。应该说，这是有一定道理的。但其缺点是把人生物学化了，因为动物也可以有这种同构反应。牛听音乐能多出奶，孔雀听音乐能开屏，它们也感到"愉快"。但人听音乐感到愉快与牛听音乐多出奶的"愉快"，毕竟有根本的不同。人能区别莫扎特与贝多芬，能区别中国民歌和意大利歌剧，从中分别得到不同的美感，而牛大概就不行。

为什么不行？

这个问题相当复杂。真正科学地解决这个问题，需要

心理学、语言学、文化人类学、发生认识论等各种学科的相互协作、长期研究才有可能。现在似乎只能从哲学上指出一点，即人的这种生物性的同构反应乃是人类生产劳动和其他生活实践的历史成果。人的审美感知的形成，就个体来说，有其生活经历、教育熏陶、文化传统的缘由。就人类来说，它是通由长期的生活实践（首先是劳动生产的基本实践），在外在的自然人化的同时，内在自然也日渐人化的历史成果。亦即在双向进展的自然人化中产生了美的形式和审美的形式感。只有把格式塔心理学的同构说建立在自然人化说即主体性实践哲学（人类学本体论）的基础上，使"同构对应"具有社会历史的内容和性质，才能进一步解释美和审美诸问题。人与对象在形式上的相互对应以及对象上的审美素质，并不能纯从生理上来寻求解答。审美素质之成为美，某些形式成为"美的规律"，实另有其根源和来由。

总括上面所讲，我认为，在美学范围内，"美"这个词也有好几种或几层含义。第一层（种）含义是审美对象，第二层（种）含义是审美性质（素质），第三层（种）含义则是美的本质、美的根源。所以要注意"美"这个词是在哪层（种）含义上使用的。你所谓的"美"到底是指对象的审美性质？还是指一个具体的审美对象？还是指美的本质和根源？从而，"美是什么"如果是问什么是美的事物、美的对象，那么，这基本是审美对象的问题。如果是问哪些客观性质、因素、条件构成了对象、事物的美，这是审美性质问题。但如果要问这些审美性质是为何来的，美从根源上是如何产生的，亦即美从根本上是如何可能的，这就是美的本质问题了。

可见，所谓"美的本质"是指从根本上、根源上、从其充分而必要的最后条件上来追究美。所以，美的本质并不就是审美性质，不能把它归结为对称、比例、节奏、韵律等；美的本质也不是审美对象，不能把它归结为直觉、表现、移情、距离等。

争论美是主观的还是客观的，就是在、也只能在第三个层次上进行，而并不是在第一层次和第二层次的意义上。因为所谓美是主观的还是客观的，并不是指一个具体的审美对象，也不是指一般的审美性质，而是指一种哲学探讨，即研究"美"从根本上到底是如何来的？是心灵创造的？上帝给予的？生理发生的？还是别有来由？所以它研究的是美的根源、本质，而不是研究美的现象，不是研究某个审美对象为什么会使你感到美或审美性质到底有哪些，等等。只有从美的根源，而不是从审美对象或审美性质来规定或探究美的本质，才是"美是什么"作为哲学问题的真正提出。

从审美对象到美的本质，这里有问题的不同层次，不能混为一谈。其实，这个区别早在两千多年前柏拉图就已提出了。他说"美"不是漂亮的小姐，不是美的汤罐，也就是说美不是具体的审美对象和审美性质，而是美的理式，即"美本身"。黑格尔在《美学》中称赞说："柏拉图是第一个对哲学研究提出更深刻的要求的人，他要求哲学对于现象（事物）应该认识的不是它们的特殊性，而是它们的普遍性。"[①]怀特海（A. N. Whitehead）说，一切哲学都只是柏拉图哲学的注脚，都只是在不断地回答柏拉图提出的哲学问题。在一定意义上，也可以说，本书就是要用主体性实践哲学（人类学本体论）来回答柏拉图提出的美的哲学问题，研究美的普遍必然性的本质、根源所在。

---

① 黑格尔：《美学》第1卷，北京，商务印书馆，1979，第27页。

下面这张表可看作上述内容概括：

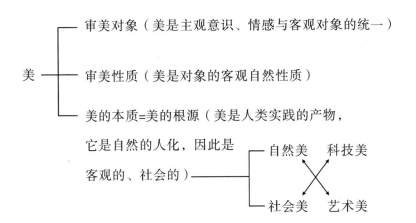

2. 美的本质

那么，美的根源究竟何在呢？

这根源（或来由）就是我所主张的"自然的人化"。

在我看来，自然的人化说是马克思主义实践哲学在美学上（实际也不只是在美学上）的一种具体的表达或落实。就是说，美的本质、根源来于实践，因此才使得一些客观事物的性能、形式具有审美性质，而最终成为审美对象。这就是主体论实践哲学（人类学本体论）的美学观。

那么，这种美学观是属于主观派、客观派还是"主客观统一"派呢？

如前所说，所谓"主客观统一"这概念并不很清楚，原因是所谓"主"指的是什么？如果"主"指情感、意识、精神、心理，那么这种"主客观统一"论便仍然属于主观派，如立普斯和朱光潜。但是，如果"主客观统一"中的"主"指的是人的实践活动，那情况就大不相同，人的实践是一种物质性的客观现实活动，即是说，这里的"主"实质上是一种人类整体作用于众多客观对象（如大自然）的物质性的客观活动，从而，它与客观世界的统一即这种主客观统一便不属于主观论，而属于客观论，它是客观论中的第三派，即一种现代意义的新的客观论，亦即主体性实践哲学的美的客观论。它既是"主客观统一"论，又是客观论。我在1962年的"美学三题议"中曾指出：

美只有在主观实践与客观现实的交互作用的意义上，而不是在朱（光潜）先生那种主观意识与客观自然的相互作用上，才可说是一种主客观的统一。但这种主客观的统一，仍然是感性现实的物质存在，仍是社会的、客观的，不依存于人们主观意识、情趣的。它所以是社会的，是因为：如果没有人类主体的社会实践，光是由自然必然性所统治的客观存在，这存在便与人类无干，不具有价值，不能有美。它所以是客观的，是因为：如果没有对现实规律的把握，光是盲目的主体实践，那便永远只能是一种"主观的、应有的"的善，得不到实现或对象化，不能具有感性物质的存在，也不能有美。只有"实现了的善"，才"不仅设定在行动着的主体中，而且也作为某种直接的现实而设定下来……设定为真实存在着的客观性"（列宁：《哲学笔记》）。马克思在《经济学—哲学手稿》中那段有关美的名言，曾为人们所再三引用，但这样理解，才似比较准确。马克思也正是在讲了人类的本质特点——具有社会普遍性（即所谓"族类"普遍性）的生产活动之后，紧接着说："……人类能够依照任何物种的尺度来生产，并且能够到处适用内在的尺度到对象上去，所以人类也依照美的规律来造形。"这个"所以"，正是说明这个统一，说明因为具有内在目的尺度的人类主体实践能够依照自然客观规律来生产，于是，人类就能够依照客观世界本身的规律，来改造客观世界，以满足主观的需要，这个改造了的世界的客观现实存在的形式便是美，所以，是按照美的规律来造形。马克思完全不是从审美、意识、情趣、艺术实践而是从人类的基本实践——人对自然的社会性的生产活动中来讲美的规律，这就深刻地点明了美的客观性的本质含义所在。……[1]

这就是"自然的人化"的过程和成果。

1980年，我重复强调了这一基本观点：

关于美的本质，我还是1962年"美学三题议"中的看法，没有大变化。仍然认为美的本质和人的本质不可分割。离

---

[1] 拙著《美学论集》，上海，上海文艺出版社，1980，第162—163页。

开人很难谈什么美。我仍然认为不能仅仅从精神、心理或仅仅从物的自然属性来找美的根源，而要用马克思主义的实践观点，从"自然的人化"中来探索美的本质或根源。如果用古典哲学的抽象语言来讲，我认为美是真与善的统一，也就是合规律性和合目的性的统一。所谓社会美，一般是从形式里能看到内容，显出社会的目的性。在合目的性和合规律性的统一中，更多表现出一种实现了的目的性，功利内容直接或间接地显现出来。其实也就是康德所讲的依存美。但还有大量看不出什么社会内容的形式美、自然美，也就是康德讲的纯粹美。这可说是在合规律性与合目的性的统一中，更多突出了掌握了的规律性。但无论哪一种美，都必须有感性自然形式。一个没有形式（形象）的美那不是美。这种形式就正是人化的自然。这两种美都应该用马克思讲的"自然的人化"来解释。[①]

如果具体一点说，即可接着前述格式塔的同构说来谈。前面讲到，格式塔心理学的同构说认为，自然形式与人的身心结构发生同构反应，便产生审美感受，但是为什么动物就不能呢？其根本原因就在人类有悠久的生产劳动的社会实践活动作为中介。人类在漫长的几十万年的制造工具使用工具

---

① 《美学》杂志，第 3 期，上海，上海文艺出版社，1980，第 17 页。

的物质实践中，劳动生产作为运用规律的主体活动，日渐成为普遍具有合规律的性能和形式，对各种自然秩序、形式规律，人类逐渐熟悉了、掌握了、运用了，才使这些东西具有了审美性质。自然事物的性能（生长、运动、发展等）和形式（对称、和谐、秩序等）是由于同人类这种物质生产中主体活动的合规律的性能、形式产生同构同形，而不只是生物生理上产生的同形同构，才进入美的领域的。因此，外在自然事物的性能和形式，既不是在人类产生之前就已经是美的存在，就具有审美性质；也不是由于主体感知到它，或把情感外射给它，才成为美；也不只是它们与人的生物生理存在有同构对应关系而成为美；而是由于它们跟人类的客观物质性的社会实践合规律的性能、形式同构对应才成为美。因而美的根源出自人类主体以使用、制造工具的现实物质活动作为中介的动力系统。它首先存在于、出现在改造自然的生产实践的过程之中。C. Geertz曾强调指出，人性甚至包括人的某些生理性能，也是文化历史的产物。[①]我们对从猿到人的研究，也说明从人手、人脑到人性生理结构（包括如逻辑、数学观念、因果律观念等智力结构、意志力量的伦理结构和形式感受的审美结构）都源起于上述使用—制造工具的漫长的人类现实物质性的生产活动中。[②]从美学看，这个史前期的悠久行程，在主体方面萌发和形成审美心理结构的同时，在客体方面即成为美的根源。

拙著《批判哲学的批判》说：

> 通过漫长历史的社会实践，自然人化了，人的目的对象化了。自然为人类所控制改造、征服和利用，成为顺从人的自然，成为人的"非有机的躯体"，人成为掌握控制自然的主人。自然与人、真与善、感性与理性、规律与目的、必然与自由，在这里才具有真正的矛盾统一。真与善、合规律性与合目的性在这里才有了真正的渗透、交融与一致。理性才能积淀在感性中，内容才能积淀在形式中，自然的形式才能成为自由的形式，这也就是美。[③]

---

① 参阅 C. Geertz, *The Interpretation of Cultures*，第 1—2 章，New York，1973.

② 参阅拙著《李泽厚哲学美学文选·试论人类起源》《批判哲学的批判》。

③ 《批判哲学的批判》，北京，人民出版社，1984，第 415 页。

拙文"美学三题议"说：

> 自由的形式就是美的形式。就内容而言，美是现实以自由形式对实践的肯定，就形式而言，美是现实肯定实践的自由形式。①

所以，美是自由的形式。

什么是自由？黑格尔《精神现象学》说：

> 任性和偏见就是自己个人主观意见和意向，是一种自由。但这种自由还停留在奴隶的处境上。对于这种意识，纯粹形式不可能成为它的本质，特别是就这种纯粹形式是被认作弥漫于一切个体的普遍的陶冶事物的力量和绝对理念而言，不可能成为它的本质。

这就是说，自由不是任性。你想干什么就干什么，恰恰是奴隶，是不自由的表现，是做了自己动物性的情绪、欲望，以及社会性的偏见、习俗的奴隶。那么，自由是什么？从主体性实践哲学看，自由是由于对必然的支配，使人具有普遍形式（规律）的力量。因此，主体面对任何个

---

① 《美学论集》，上海，上海文艺出版社，1980，第 164 页。

● 孔子像〔南宋〕马远

别对象，便是自由的。这里所谓"形式"，首先是种主动造形的力量。其次才是表现在对象外观上的形式规律或性能。所以，所谓"自由的形式"，也首先指的是掌握或符合客观规律的物质现实性的活动过程和活动力量。美作为自由的形式，首先是指这种合目的性（善）与合规律性（真）相统一的实践活动和过程本身。它首先是能实现目的的客观物质性的现实活动，然后是这种现实的成果、产品或痕迹。所以它不是什么"象征"。"象征"（symbol），不过是种精神性的、符号性的意识观念的标记或活动。从远古的巫师到今日的诗人，都在不断制造这种符号、象征，但它们并不就是美的本质或美的根源。可见，不但主观蛮干、为所欲为，结果四面碰壁，不是自由；而且，自由如果只是象征、愿望、想象，只是巫师的念咒、诗人的抒情，那便只是锁闭在心意内部的可怜的、虚幻的"自由"。真正的自由必须是具有客观有效性的伟大行动力量。这种力量之所以自由，正在于它符合或掌握了客观规律。只有这样，它才是一种"造形"——改造对象的普遍力量。孔子说，"从心所欲不逾矩"，庄子有庖丁解牛的著名故事，艺术讲究"无法而法，是为至法"，实际都在说明无论在现实生活或艺术实践中，这种在客观行动上驾驭了普遍客观规律的主体实践所达到的自由形式，才是美的创造或美的境界。在这里，人的主观目的性和对象的客观规律性完全交融在一起，有法表现为无法，目的表现为无目的（似乎只是合规律性，即目的表现为规律），客观规律、形式从各个有限的具体事物中解放出来，表现为对主体的意味……于是再也看不出目的与规律、形式与内容、需要与感受的区别、对峙，形式成了有意味的形式，目的成了无目的的目的性，"上下与天地同流""大乐与天地同和"。要达到这一点，无论从人类说或从个体说，都需要经过一个漫长的实践奋斗的现实历程。艺术家要达到"无法而法"，就得下长期的苦功夫，那更何况其他更根本的实践？所以，自由（人的本质）与自由的形式（美的本质）并不是天赐的，也不是自然存在的，更不是某种主观象征，它是人类和个体通过长期实践所自己建立起来的客观力量和活动。就人类说，那是几十万年的积累；就个体说，那也不是一朝一夕的功夫。自由形式作为美的本质、根源，正是这种人类实践的历史成果。

总之，不是象征、符号、语言，而是实实在在的物质生产活动，才能使人（人类和个体）能自由地活在世上。这才是真正的"在"（Being），才是一切"意义"（meaning）的本根和家园。人首先也不是通过语言、符号、象征来拥有世界，也不是首先因为有语言才对世界产生关系，世界不是首先在语言中向我们展开和呈现，能理解的"在"也并不首先是语言。人类光靠语言没法生存。世界是首先通过使用物质工具性的活动呈现和展开自己，人首先是通过这种现实物质性的活动和力量来拥有世界、理解世界、产生关系和建立自己。从这里也许可以了解，为什么美不能是自由的象征，而只能是自由的形式（自由的力量、自由的实在）。这就是我所强调并坚持的主体性实践哲学的美学观不同于其他哲学的美学观之所在。

在二十世纪五六十年代，我曾用过"人的本质对象化"的提法，但我发现这个提法引起了好些滥用，后来我就只讲"自然的人化"和"自由的形式"，不再讲"人的本质对象化"了。因为我讲的"人的本质对象化"本是指上述物质性的现实实践活动，主要是劳动生产，可是许多人却由之而把人的意志、情感、思想都说成是"人的本质力量"。难道人的情感、思想、意志不是人的本质力量吗？于是认为只要人们赋予对象以人的这种"本质力量"，就是"人的本质对象化"，就是美了。于是这也就和朱光潜的说法没有区别了：即人的主观意识、愿望、想象、情感、意志（"本质力量"）——对象化，来作为象征、符号、艺术作品，亦即主（意识）客观统一，就产生美。这当然不是我所能同意的。这并不是说人的主观意志、情感、思想不重要，不起作用，而是说从哲学看，它们不能在美的**最终根源**和本质这个层次上起作用，只能在美的现象层即构成审美对象上起作用。因此，请注意，在美的探讨中，虽然好些人都讲实践，都讲"人的本质对象化"，都讲"自然的人化"，其实大不相同。有的是指意识化，讲的是精神活动、艺术实践；有的是指物质化，讲的是物质生产、劳动实践。我讲的"自然的人化"正是后一种，是人类制造和使用工具的劳动生产，即实实在在的改造客观世界的物质活动；我认为这才是美的真正根源。因为用"自然的人化""自由的形式"比用"人的本质力量对象化"更便于区别这种不同，所以我舍后者而用前者。后者的"人"更明确是指人类，而不是指个体、个人。不是个人的情感、意识、思想、意志等"本质力量"创造了美，而是**人类总体的社会历史实践**这种本质力量创造了美。这就是我的看法。

下面从社会美到自然美进一步说明这个看法。

3. 社会美

古典哲学的语言常常被现代某些潮流视为呓语，但恰恰在它的某种程度的模糊含混中，有时比现代精确的科学语言更能表现出哲学的真理。在解构主义将语言的矛盾性格充分揭露之后，这一优越性似乎更为清楚了。所以，一方面我提倡分析哲学，主张要澄清语词、概念的混乱和含糊，以尽量科学化、形式化、现代化；另一方面我却又主张在某些领域中，保留这种充满含混性的古典语言以展示人生诗意，因为如前所说，哲学并不等于科学。关键在于：何种程度、何种比例、何种场所、何种论点和论证上，两者（现代科学语言与古典哲学语言）相互补充和配置适当。但这又不是可以比例配方的理知技术，而恰恰是不可捉摸的艺术，这也正好表现了哲学美学的诗的品格。

下面，如前面一样，仍将用这种"非科学"的语言对美的本质，从社会和自然两个角度，做些概括性的描述。

人类在改造客观自然界的社会实践中，要认识、掌握和运用自然规律。我曾把自然界本身的规律叫作"真"，把人类实践主体的根本性质叫作"善"。当人们的主观目的按照客观规律去实践得到预期效果的时刻，主体善的目的性与客观事物真的规律性就交会融合了起来。真与善、合规律性和合目的性的这种统一，就是美的根源。自然事物的形式、性能、规律都是特殊的、具体的、有局限的，人类社会实践在长期活动中，由于与多种多样的自然事物、规律、形式打交道，逐渐把它们抽取、概括、组织起来（均指实践活动），成为能普遍适用、到处可用的性能、规律和形式，这时主体活动就具有了自由，成为合规律性与目的性即真与善的统一体。这个统一在这里表现为主体活动的形式——善的形式，善本身好像就是一种形式，是能改造一切对象、到处适用的形式力量，于是这种实践活动的美的实质，恰恰在于它的合规律性的内容，即真成了善的内容。这是就主体（实践活动）说。从客观对象说，善却成了内容。自然事物的美的实质是它的合目的性（符合社会需要、实践目的）的内容，即善成了真的内容。前者是社会美，后者是自然美。

这似乎太抽象了。先看社会美，在具体描述中，也许会清晰一些。美学一般很少谈社会美，实际它非常重要，因为社会美正是美的本质的直接展现。有几点可以注意：

第一，从动态过程到静态成果。

上面已说明，合规律性（真）和合目的性（善）的统一，首先是呈现在群体或个体的以生产劳动为核心的实践活动的过程之中，然后才表现为静态成果或产品痕迹。即是说，社会美首先存在于、出现于、显示于各种活生生的、艰难困苦的、百折不挠的人对自然的征服和改造，以及其他方面（如革命斗争）的社会生活过程之中。崇高、壮美、滑稽、悲剧便是这种矛盾统一的各种具体不同的形态。反映在艺术上，崇高、壮美便先于优美，对后者及其特性如柔弱、

廷茅斯修道院，蒙茅斯郡的内部 [英] 透纳

雅致、轻巧、幼小、光滑……的欣赏，正是由于主体实践力量强大并征服自然对象之后的成果。①亚里士多德讲悲剧就强调行为和情节。这也是上述社会美的特征，即人们的斗争、冲突、毁灭诸现实生活过程在艺术理论上的反映。其次才呈现在成果或产品上，我们欣赏一片绿油油的庄稼，欣赏巍峨建筑，欣赏长江大桥、高速飞机或火车，就并不只是种形式美的观赏，而是能从其中感到社会目的性，感到社会劳动成果、社会巨大前进的内容，亦即前进的社会目的性成了对象合规律性（桥造得多么巧妙呀！这飞机多有气势！）的形

---

① 参阅《美学论集·论崇高与滑稽》。

式，善成了真的形式。人们直接看到的是善，是社会合目的性。飞机、大桥、摩天大楼是为人服务的，但它之所以能建成，却又是由于符合规律性（真）在起作用，所以说真（合规律性）成了内容。你从这里感到了善的形式力量和真的丰富内容。"人力巧夺天工"，自觉或不自觉地赞赏这两者的统一。

第二，历史尺度。

因为人类的社会实践活动越来越广阔、深入，使社会实践的活动过程和产品成果不断发展扩大，在不同的时代，形成不同的社会美的标准、尺度和面貌。农夫欣赏自己在后园里种的蔬菜（朱光潜《文艺心理学》的著名例子），今天我们欣赏规模巨大的工程；在干校劳动时，我们珍视地观赏自己流汗耕耘出来的那一小片土地，今天我们赞叹航天飞机遨游太空。山货店和一座小菜栅当时作为艰苦劳动的成果是美的，虽然今日未必然。苏格拉底曾认为实用的粪筐比无用的金盾要更美，虽然这并不对，但在远古可以是历史事实。实践在发展，社会美在提高、变迁和进步。社会美包括的范围和对象极为广阔，除了人们的斗争、生活过程、形态、个体人物的行为事业，以及各种物质成果、产品等外，像历史的废墟、传统的古迹等也都属此范围。为什么废墟能成为美？为什么人们愿意去观赏它？因为它记录了实践的艰辛历史，凝冻了过去生活的印痕，使人能得到一种深沉的历史感受。"当年鏖战急，弹洞前村壁，装点此关山，今朝更好看。"断壁残垣有什么"好看"？因为它是过去战斗历程的形式。青铜器为什么不要擦光，它本是金光闪闪的，但它身上的斑斑绿苔记录了历史的沉埋，使它的社会美增添了更深沉的力量。社会美的历史尺度是一个很深刻、值得细致研究的问题。

第三，技术工艺和生活韵律。

我们国家现在虽然进入工艺社会，但从生产工具、生产组织、生活方式、行为模态，以至于人们的意识观念（包括审美观念），都仍长期停留在小生产农业社会的水平，带有田园牧歌式的特点，慢悠悠，懒洋洋，习惯于缓慢、悠长、平静、安宁的生活节奏和韵律。工业发达的西方国家由于生产工具、科技工艺的高度发展，生活节奏、社会韵律便不一样，似乎显得"乱糟糟，闹哄哄"；加上资本主义制度，一切商品化，人成为产品的奴隶，人和人的关系疏远。因此，西方有些人反倒羡慕中国的田园牧歌。但往后看并非出路，马克思、列宁都批评过小资产阶级浪漫派。所以我们今天既要搞现代化，还要注意后现代，既要全力发展现代工业，又要注意尽量避免西方工业社会现代化带来的人际关系疏远、对大自然的污染、生态平衡的破坏，等等。这就向美学提出了课题。我们怎样把美和审美规律用到组织整个社会生产和生活中去？用到科学、技术、生产工艺中去？工艺技术中有许多美学问题，例如设计（design），现在所谓"工厂园林化"只是一个很小的方面。如何能使社会的生产（包括厂房、机器、效率、流程等）更好地符合人的身心健康的节奏，如何使社会生活、工作效能能更协同合作，符合适度的规律，而避免西方工业社会所出现的某些社会病态和身心病态？如何使人的个性、潜能能得到全面发展、充分发挥，不再受奴役、压抑、异化，使合目的性与合规律性得到和谐、交融、统一？总之，如何使社会生活从形式理性、工具理性［Max Weber（马克斯·韦伯）］的极度演化中脱身出来，使世界不成为机器人主宰、支配的世界，如何在工具本体之上生长出情感本体、心理本体，保存价值理性、田园牧歌和人间情味，这就是我所讲的"天人合一"。这个"天人合一"不仅有"自然的人化"，而且还有"人的自然化"。这恰好是儒道互补的中国美学精神。①所以，我说的"天人合一"和一些人讲的"天人合一"又不一样。我讲的"天人合一"，首先不是指使个人的心理而首先是使整个社会、人类从而才使社会成员的个体身心与自然发展，处在和谐统一的现实状况里。这个"天人合一"首先不是靠个人的主观意识，而是靠人类的物质实践，靠科技工艺生产力**的极大发展**和对这个发展所作的**调节、补救**和**纠正**来达到。这种"天人合一"论也即是自然人化论（它包含自然人化与人自然化两

———————

① 参阅拙著《华夏美学》第 3 章。

个方面），一个内容、两个名词而已。

可见，所谓社会美，不简单是指个人的行为、活动、事功、业绩等，而首先是指整个人类的生长前进的过程、动力和成果。

从而，由这个角度来看所谓"形式美"，就应该修正1962年拙文"美学三题议"把"形式美"划归自然美的观点。形式美不是自然美，而主要应属于社会美，或者说，它是自然美与社会美的真正交融。形式美及其一般规律或特

●变形蛙纹彩陶罐［新石器时代］

● 威斯敏斯特下的泰晤士河 ［法］莫奈

征，如对称、均衡、比例、和谐、节奏、韵律等，尽管本身是自然界的规律及现象，却又正是人类通过生产—生活实践把它们从自然中抽离出来的。所以，从实质上说，它们是人类实践力量所历史地造成的抽离。

沃林格（W. Worringer）对"抽象"的研究很有价值。他指出，"抽象"的形式，如原始陶器纹饰、中世纪图案、哥特式教堂、现代艺术等，与写实性的形象移情之不同，在于"抽象"表现的是对生命和现实世界的隔离、否定，是为了消灭具体时空以求超越有限，是对永恒的追求，是人与世界关系的紧张、收缩和内在化。沃林格认为，作为真正艺术的原始纹样、装饰，并不是模拟自然的动植物，也不是知性的象征符号，而是直接与心灵对应的"抽离"。这种"抽离"在于挣脱现实世界及自然事物的变动不已和有死有生的生命，以得到宁静、永恒、幸福的绝对、必然和法则。这就是"抽象"的形式美的根源。

本书之所以在这里引述沃林格，是因为，第一，他深刻地指出了作为形式美的抽象并非对自然的模写，而是一种"抽离"，这"抽离"是时代、社会、生活的特征所决定、所使然。第二，我与他对"抽离"有恰好对立的看法，他把抽象形式看作是艺术精神的抽离，我却归结为物质实践的抽离。他的理论用以解释现代艺术（抽象艺术）似乎非常恰当（这篇世纪初的短短的博士论文竟成为长久成功的名著）。但用以解释原始艺术，如陶器上的抽象纹饰等，便未必可行，至少他没解释这种精神抽离在那个遥远的时代是如何可能和如何实现的。

在我看来，原始陶器的抽象几何纹饰，正是当时人们在精神上对农业生产所依赖的自然稳定秩序的反映，它实际表现的是一种稳定性、程序性、规范性的要求、实现和成果。这个所谓"封闭""永恒""宁静""超越具体时空和现实世界"等，恰恰意味着一个豕突狼奔的采集—狩猎时代的彻底结束，一个稳定生存、安居乐业的农业社会的成熟、巩固和提高。因此，这种"抽离"恰好表现了农业社会生产劳动

● 仰韶文化彩陶几何纹盆 ［新石器时代］

与自然相协同的秩序性、规范性、节奏性和韵律性。[①]

可见，在我看来，"抽象"的出现，形式美的来由或根源仅仅从现代艺术品出发，归结为某种观念意识、精神特征、如沃林格那样，是本末倒置了。抽象和形式美的来由和根源仍然在远古的人类劳动操作的生产实践活动之中。在这种活动所主动造成的各种形式结构（工具和使用工具的活动的结构、人群协同组织的结构等）和各种因果系列中，从而不同于动物，并在动物世界的生存竞争中居于优越地位。另一方面，外在自然世界的杂多、变换、混乱、无秩序，通过这种活动，获得了整理、澄清和安顿，使自然界的规律性和程序性日益呈现出来，而且能成为人的意识（认识）对象。

---

① 至于原始几何纹饰中或流畅或凝冻的不同形态，则反映着原始农业社会所经历的不同阶段或形态，其中不同的社会统治秩序，如有无严厉的等级秩序、压迫杀戮等，便造成各种具体的不同抽象。参阅拙著《美的历程》，第1—2章。

例如，节奏便是使生产、生活和不同对象，从其具体形态中抽离出来而均等化、同质化，从而建立秩序的基本形式。比例、均衡、对称是人用以处理（实践）从而理解（认识）客观世界的基本规范。总之，各种形式结构，各样比例、均衡、节奏、秩序，亦即形成规律和所谓形式美，首先是通过人的劳动操作和技术活动（使用—制造工具的活动）去把握、发现、展开和理解的。它并非精神、观念的产物。它乃是人类历史实践所形成所建立的**感性中的结构，感性中的理性**。它们是"有意味的形式"。

人也正是通过这种种形式结构、规律的发现和把握，获得了巨大的物质力量，于是人不再是自然生物界的简单成员，而成了它的主宰。人在这形式结构和规律中，获得了生存和延续，这就正是人在形式美中获有**安全感、家园感**的真正根源。上述农业社会原始陶器的抽象纹饰美，充分表达了这一点。它们实际上也正是现代艺术的形式主义者所特别着重却又无法正确解释的普遍性的审美感受的真正根源。**对形式的把握**，形式美的出现，标志着目的性与规律性相统一，**是人类生存、发展史中**（不仅是艺术史中）**的最大事件**。

也如前所述，形式美的出现，是以使用—制造工具从事生产的技术活动为根源、基础。因之，这种形式的力量（亦即人类"造形"的力量），在高度发达的现代科技工艺中，便当然呈现得最为光辉灿烂、炫人心目了。形式美在这里呈

呐喊 ［挪威］蒙克

现为技术美，呈现为庞大的物质生产和产品中的美。如果以
前这种美还只能有限度地呈现在某些建筑艺术作品（古代最
为巨大的物质产品）上的话，那么现在却已是随处可见的人
类的普遍性的造型力量了。

　　科技工艺已经构成当代社会的生存基础，即是说，由现

代科技工艺所构成的生产力，是今天人类作为本体存在的基础。它自然成为人类学本体论即主体论实践哲学所最关注的问题之一。

但迄今为止的美学却极少涉及这问题，很少提及技术美。按照本书的哲学，技术美正是美的本质的直接披露。美之所以是自由的形式，不也正在于通过技术来消除目的性与规律性的对峙，以达到从心所欲，恢恢乎游刃有余吗？庖丁解牛是古代的个人故事，现代科技工艺不正使整个人类将要处在或正在追求去达到这种自由的王国吗？

所以，我不赞赏现代浪漫派对科技工艺的感伤、否定的虚无主义，无论是海德格尔或马尔库塞（H. Marcuse），无论是章太炎或梁漱溟，把现代生活的苦难和罪恶，把人的各种异化，归咎于科技工艺，是没有道理的。实质上，现代科技不但带来了群众的高额消费，而且也带来了群众的审美时代，它消灭着千百年来审美上的贵族格局和阶级特权，百万富翁和穷小子基本上（当然不是全部）使用大体同样的日常用品，进同样的博物馆、展览厅，看同样的电影，听同样的音乐磁带。……当然，肯定现代科技工艺，并不能像二十世纪早期的先锋艺术那样简单浮浅，而是恰恰要注意到现代科技工艺和工具理性的泛滥化所带来的人性丧失，人的非理性的个体生存价值的遗忘、失落和沦落，作为感性个体的人被吞食、被同化、被搁置在无处不在的科技理性的形式结构中而不再存在。从当年希特勒的法西斯杀人机器到大公司的职工大军，从广告消费的奴役到人际关系的安排，一切都同质化、秩序化、结构化、均衡化……于是人不见了。人做了由自己所发现、掌握、扩大的形式力量和理性结构的奴隶。

那么，如何克服这可怕的异化呢？彻底否定和摧毁科技工艺吗？那只有回到动物状态的原始时代去，两千多年前的庄子早就反对过任何机械，认为有机械必有"机心"。那些反现代科技的理论如果有彻底性，就应该像庄子那样，主张人回到无知无识浑浑噩噩的动物世界里去。但这并非人类的理想，倒退从来不会是出路。于是，只有从"人的自然化"和寻找"工具本体"本身的诗意来向前行进了。这些恰恰是下面自然美要处理的课题。

4. 自然美

在"美学"一讲中，便已说过好些美学理论把自然美排斥在美学领域以外，不但元批评学如此，而且像克莱夫·贝尔（Clive Bell）、卢卡契也如此，虽然他们恰好是从相反的

● 梅竹双鹊图 ［宋］

角度否定自然美。贝尔从纯形式出发，认为美是"有意味的形式"（significant form），自然风景、山水花鸟，即使美如蝴蝶，也都不是"有意味的形式"，因此，并非真正审美意义上的美。卢卡契则从内容出发，强调模写、反映、典型、现实主义，山水花鸟与此无干，于是也不在他的美学论述之内。元批评学集中于艺术语言等，自然美当然毋须置论了。

从本书的哲学立场来看，不但自然美的存在是有关美的本质的重要问题，而且自然美的观赏，也是有关消除异化、建立心理本体的重要问题，因此正是哲学美学所应着重处理的。

就美的本质说，自然美是美学的难题。1956年我在自己第一篇美学文章中特地把它提出来，有如"美学三题议"所说："在自然美问题上，我觉得各派美学观暴露得最为鲜明。因为在这里，美的客观性与社会性似乎很难统一。……不是认为自然无美，美只是人类主观意识加上去的（朱光潜），便是认为自然美在其本身的自然条件，与人类无关（蔡仪）。我当时主要是企图说明这两条路作为哲学都行不通，只有认为自然美的本质仍然来自客观的社会生活、实践，才是正确的道路。"[1]即是说，如果认为自然美来自主观的情感意识，那为什么有的自然对象美而另一些则否呢？如果认为美就在自然本身的色彩、形体、姿态等，那为什么这

---

[1] 《美学论集》，上海，上海文艺出版社，1980，第167—168页。

些色彩、形体、姿态就会引起你的审美愉快即是美呢？这仍然是在本讲开头指出的"棘手问题"。对这个问题，我当年提出了"美的客观性与社会性相统一"亦即"自然的人化"说。

但"自然的人化"说却一直遭到误解和反对。它常常被人们从字面含义上了解为被人力开发了的自然对象，如开垦了的土地、种植的庄稼、被饲养的家畜，等等。它们的确可以是美的对象。那么，在此之外的广大自然，美在何处和美从何来呢？

其实，"自然的人化"可分狭义和广义两种含义。①通过劳动、技术去改造自然事物，这是狭义的自然人化。我所说的自然的人化，一般都是从广义上说的，广义的"自然的人化"是一个**哲学概念**。天空、大海、沙漠、荒山野林，没有经人去改造，但也是"自然的人化"。因为"自然的人化"指的是人类征服自然的**历史尺度**，指的是整个社会发展达到一定阶段，人和自然的关系发生了根本改变。"自然的人化"不能仅仅从狭义上去理解，仅仅看作是经过劳动改造了的对象。狭义的自然的人化即经过人改造过的自然对象，如人所培植的花草等，也确乎是美，但社会越发展，人们便越要也越能欣赏暴风骤雨、沙漠、荒凉的风景等没有改造的

_____

① 另一种借用的想象含义尚不包括在内。

長夏江村夏目保成
人物必高清竹
林不作醺醺醉
却撥銅絲寄逸
情

李唐竹林撥阮

● 竹林拨阮图［宋］

自然，越要也越能欣赏像昆明石林这样似乎是杂乱无章的奇特美景。这些东西对人有害或为敌的内容已消失，而愈以其感性形式吸引着人们。人在欣赏这些表面上似乎与人抗争的感性自然形式中，得到一种高昂的美感愉快。所以，所谓"被掌握了的规律性"，也是从广义上讲的。和谐、小巧、光滑、对称是掌握了的规律性。不和谐、巨大、杂乱在这里也是作为一种掌握了的规律性。艺术家就经常运用这种规律性。所以，应该站在一种广阔的历史视野上理解"自然的人化"。此外，还有人经常把"自然的人化"解释为比拟性的，将自然对象赋予人的想象、情感、意会，如把一块顽石想象为阿诗玛，把松、竹、梅比作人的高风亮节，将自然对象作为人格的理想等。这是康德讲的"道德的象征"。这样理解"自然的人化"只能是种借用，并不合马克思的原意。马克思《经济学—哲学手稿》是从人的本质、从人类整个发展（异化和人性复归）中讲"自然的人化"，提到"美的规律"的。因此，"自然的人化"涉及的是人类实践活动与自然的历史关系。尽管这种关系在未经改造过的大自然身上完全看不出来，感知不到。按前述美是真善统一的观点，如果说就社会美而言，善是形式、真是内容的话，那么自然美便恰恰相反，真是形式，善是内容。内容一般是不易看到的。正如在社会美中，你看到的常常只是人类的力量、事业、功勋、伟绩；而在自然美中，你看到的常常便只是自然本身的形式、性能、结构，等等。

社会美有历史尺度问题，自然美亦然。那么，这种人与自然关系的改变的历史尺度，大体说来，又如何理解和计算呢？这个广义的"自然的人化"大体从何时开始的呢？

首先要指出，狭义的"自然的人化"（即通过劳动、技术改造自然事物）是广义的"自然的人化"的基础（虽然不一定是直接的基础），是使人与自然界发生关系改变的根本原因。原始人为什么不能欣赏山水花鸟，就是因为当时狭义的自然人化水平实即生产力水平，使他跟自然的关系不存在那广义的自然的人化。在狩猎的时代或狩猎的原始民族中，大概只有某些种类的动物成为人类活动和意识的对象，其他的自然世界不是与人无关（如山水花鸟），便是与人敌对

芦花寒雁图 〔元〕吴镇

（如雷电烈日）。农业社会之所以是人类历史的最大进展也正在于它使人类安居，并循天时（季候、昼夜）、地利（水土山河）而延续着巩固着秩序化的生活，众多自然事物和整个大自然逐渐成为人类生活活动的真正的客观环境、条件、资源、工具，从而成为对象。这虽然还不是审美对象，却是它们日后成为个人审美对象的前提、基础和根源，即是说，它们（自然界和广大自然对象、事物）开始获有了美的本质，具有了审美性质。

可见，"自然的人化"作为哲学美学概念，只涉及美的本质，它指出美的本质的人类历史性格，它是山水花鸟、自然景物成为人们的审美对象的最后根源和前提条件。正如个人如果处在暴风雷电、或烈火猛焰、或毒蛇恶兽的侵袭中，这些对象绝不会成为个人审美对象，在这种时候，花鸟山水也同样不会成为审美对象一样，大自然之于人类，亦然。只有在狭义的自然人化到一定历史阶段，才开始出现广义的自然人化。

可见，哲学美学所处理的自然美问题，只关系美的根源、本质。至于具体的自然景物、山水花鸟如何和何时成为人们的审美对象（美学客体），则属于历史具体地逐一研讨的实证的科学问题。其中，不同的社会生活、制度、观念、信仰、文化传统、意识形态等都影响、制约甚至决定着自然风景以及各种具体的自然景物（如不同的花、鸟、树木）是

● 宋人画榴枝黄鸟图

否和如何成为特定人们（一定的社会、时代、民族、阶级、集团）的审美对象或美学客体。例如，中国中世纪与欧洲中世纪对待山水自然，便颇有不同。自然景色、山水风貌是中国古代文人墨客最为心爱的欣赏对象、美学客体，但对于欧洲的僧侣、教士，却大谬不然，它们可以被看作是魔鬼的化身或诱惑。

可见，在美的本质的大前提下，作为审美对象（美学客体）的山水花鸟、自然景物却仍有其自身的不同变迁、发展的过程和历史。它具体反射在文化、艺术的领域中。

以中国为例，便可看出，它经历了不同的历史阶段。如果初步区划一下，便至少可分出以下四个阶段或时期。

最早是神秘恐惧的神话阶段，从殷周铜器上的饕餮图纹、《山海经》里的众多怪异到《楚辞·招魂》里的四方不可居留，以及包括后羿射日、女娲补天、精卫填海等故事，展示的是一个自然与人相敌对相抗争的世界。

以后便是寄托幸福生活和长生幻想的世界。从秦代的求仙活动到汉赋里对皇家园林的铺构描绘到汉画像石里的自然景物和劳动场面，也一直到谢灵运的山水诗篇，等等，它们

雪景寒林图 〔北宋〕范宽

主要是与现实社会生活直接联系着的自然，是生活或人力加工过（狭义自然人化）或幻想加工过的自然。陶潜的《桃花源记》是这两者的并行不悖的交织。

再后便是本色的自然阶段了。不再增添神话的或想象的内容，也不再作为生活的图景和背景，也不再作为寓意或象征，大自然的山水花鸟以其自身作为人们赏心悦目、寄兴移情的对象。它们已从各种观念束缚中解放出来，以其自身的色彩、形体、容貌、姿态来吸引人、感动人，成为人们抒发情感和充分感知的对象，它们表现为诗词书画中的各种情景和境界（"有我""无我"），等等。

最后便是现代。现代并不排斥上述三个阶段，而且还要保存它们；但现代毕竟是人进入征服宇宙怀抱宇宙的历史时期。所谓"自然的人化"是极大地扩展了。一种无垠辽阔的时空感受所带来的哲理特征，标志着一种新的自然美形态的出现。

如《批判哲学的批判》所认为，时空和因果这些最重要的人类的感性结构和知性范畴，都历史地由社会实践所产生、支配和发展，劳动的社会性所产生的公共的时空尺度和因果观念（如农业社会的节候，工业社会的钟表；如农业社会的循环观念和线性观念，现代社会的反馈观念和开放观念，等等），不但对前面讲的技术美、形式美（形式结构和理性秩序）以作用和影响，而且也对自然美以同样的作用和影响。这作用和影响不止于对形式美和自然美的观赏、把握，而且还包括对形式美与自然美的形成。尽管山还是山，水还是水，自然节律还是同样的自然节律，却由于人类社会的历史进展，不但使它们作为审美对象已大不相同，而且也使这美本身有其特色所在。

从"自然的人化"的美的根源或本质，到作为审美对象的五色缤纷的自然景象，是一个由工具本体到心理本体的进展过程。有许多搞绘画造型艺术的朋友经常问我：究竟有没有纯粹的"形式美"？我的答复是，可以说有，因为的确有为全人类共有的形式美，它是超时代、超阶级的；但也可以说没有，因为的确没有脱离整个人类历史的形式美，没有人类社会，形式美是不存在的。这才符合我对美的本质的看法，即整个美，不但形式美，而且自然美都是人类历史的产物。美的自然是自然人化的结果。它们作为审美对象（美学客体），也现实地与特定社会、时代、民族、阶级、集团以及个体相关。因为这样，才有不同艺术家笔下的不同自然景色和形式美感，才有不同摄影家、不同画家、不同作家、不同电影导演的不同自然风光，才有不同个性、不同心境、不同情绪所感受的不同的自然和形式。

前面提到"人的自然化"，所谓"人的自然化"实际正好是"自然的人化"的对应物，是整个历史过程的两个方面。"人的自然化"包含三个层次或三种内容，一是人与自

然环境、自然生态的关系，人与自然界的友好和睦，相互依存，不是去征服、破坏，而是把自然作为自己安居乐业、休养生息的美好环境，这是"人的自然化"的第一层（种）意思。二是把自然景物和景象作为欣赏、欢娱的对象，人的栽花养草、游山玩水、流连景观、投身于大自然中，似乎与它合为一体，这是第二层（种）含义。三是人通过某种学习，如呼吸吐纳，使身心节律与自然节律相吻合呼应，而达到与"天"（自然）合一的境界状态，如气功等，这是"人的自然化"的第三层（种）含义。包括人体特异功能对宇宙的"隐秩序"［D. Bohm（玻姆）］的揭示会通，也属于这一层（种）的"人的自然化"。很明显，前节社会美通过形式美、技术美提出"天人合一"时，是强调通过人类生产劳动的实践历史，对自然规律的形式抽离，在合规律性与合目的性的统一交融中，更多的是规律性服从于目的性（有如建筑中的功能主义）的话，那么，这里却恰恰以目的从属于规律的个体与自然的直接交往来补充和纠正。如果说，前面已提到要注意和防止理性形式结构的泛滥和主宰个体的感性存在，那么，这里就以个体感性直接与大自然的三个层次和种类的直接交往来补充和纠正之。前面的"自然的人化"是工具本体的成果，这里的"人的自然化"是情感（心理）本体的建立。上述不同艺术家的不同自然，正是为了和服务于这个本体的建立。所以，本书认为，中国古代对上述三层含义的"人的自然化"及它的"天人合一"观念，对走向后现代的社会，可以有参考借鉴意义。

但，这还不够，难道工具本体自身世界中不可以有诗情画意吗？工具本体的建立肇始之处，那生产活动和科技文明产生之处，那美的发源开始之处，难道不可以有这"天人合一"吗？中世纪的手工艺曾经具有温情脉脉的人间情味，现代的科技美也绝不只是理性的工作。在技术美中有大量的想象力和可能性，有无意识，有用理性无法分析的自由度，从而，由古代建筑到现代什物才有如此之多的品种、花样和形态，在这似乎是枯燥的理性的创造性中不仍然有着大量的个体感性、个体的呈现和多样吗？技术比科学要丰富，科学似乎更单纯和更单调，但就是科学，也有美的问题。

因为人们和科学家在探求自然的奥秘时，都面临主观目的的追求和客观规律的呈现如何统一的问题，科学美就是这种统一的成果。科学世界和客观世界到底是什么关系？是否就是简单化的直接的对应、反映关系？看来不是。科学家在设想或解决问题时经常面临极大的选择量，如何选择便有充分的主观性风格，有很大的个体主观因素和人间情味在起作用。彭加勒（H. Poincaré）说，"发明就是选择"，选择不可避免地要受感情的影响以至支配，其中包括科学上的美感。彭加勒把难以言喻的美作为科学理论的完满标准。日本物理学家汤川秀树说："他（爱因斯坦）追求自然界中尚未发现的一种新的美和简单性。抽象总是一种简单化的手段，而在某些情况下，一种新的美则表现为简单化的结果。爱因斯坦和少数理论物理学家才有的一种审美感……而审美感似乎在抽象的符号中间给予物理学家以指导。"数学家哈代（G. H. Hardy）说："数学形态像画家、诗人的形态一样，必须是美的。……要定义数学美可能非常困难，不过这种美与其他任何种类的美一样真实。"[1]物理学家杨振宁说："狄拉克在1963年的*Scientific American*写道：'使一个方程具有美感比使它去符合实验更重要'……今天，对许多物理学家来说，狄拉克的话包含有很大的真理，令人惊讶的是，有时候，如果遵循你的本能提供的通向美的问题而前进，你会获得深刻的真理，即使这种真理与实验是相矛盾的。"[2]合

---

① 转引自米勒（A. I. Miller）：《意象、审美和科学思维》《自然辩证法通讯》，1988年第3期。

② 杨振宁：《美和理论物理学》《自然辩证法通讯》，1988年第1期。

规律性与合目的性相统一，这个"通向美的问题"和直觉正是他们所发现或引导他们去发现科学的真理，爱因斯坦把这叫"自由的创造"，我把这叫"以美启真"。"以美启真"何以可能？因为世界上的事物有许多相同的结构，它们相互对应、同形同构，有些是不能用语言表达出来的，只能用理知直观，即通过科学美而感受到和发现它。所以海森堡（W. Heisenberg）说美是真理的光辉、自由的万能形式。这种科学发现或创造直观与艺术家对艺术美的发现创造是有许多相通或相似之处的，艺术美将留到最后一讲中讨论。实际上美的这些种类或形态经常是相互渗透的。

其中，形式美的规律（秩序、单纯、齐整、一致、均衡、比例等）便是贯串各种形态的基本因素。科学由形式美而可以渗入对宇宙终极结构的关注和沉思，如同在技术工艺里对形式美的自由运用一样，这里便不仅是合规律性，而且还包含人类的向往、追求和超越的合目的性的要求。有人把它归于神或指向宗教，其实它却正是科技里的人世诗情，是科学美。音乐和数学并不偶然地构成了艺术和科学的共同的灵魂，它们正是这种合规律性与合目的性相互击撞而谐和的奏鸣曲。超越或感伤的人间意向和人间情味正是对宇宙的井然秩序的诗意补充。艺术固然少不了它，真正高级的科学也需要它。

所以，不必去诅咒科技世界和工具本体，而是要去恢复、采寻、发现和展开科技世界和工具本体中的诗情美意。

如果说，手工艺术的世纪中曾经有过诗和美，古代直观科技中有过诗和美，大工业生产的工具本体就没有渗入情感（心理）本体的可能吗？就不可能恢复工艺——社会结构中的生命力量和人生情味和意义吗？

哲理和美在现代科学和理论科学家中分量的加重，说明有这可能。

事在人为。

美 学 四 讲
FOUR ESSAYS ON AESTHETICS

美 感

1. 美感是什么

如同"美"一样，"美感"这个词也是词意含混而多义，包含着近似却并不相同的多层含义。下页图表只是简单地分梳一下这个词的各种意义，在第三节中再对这些意义做些说明。

美感问题属于心理科学范围，是审美心理学所专门研究的课题。本书既从哲学角度来考虑美学，为什么要谈论美感和如何来谈论它呢？

这是因为美感问题涉及本书提出的心理本体特别是其中的情感本体。美感这讲中主要谈的就是"建立新感性"，亦即关系建立情感本体的哲学问题。

但在谈论这问题之前，先得简略看看审美心理研究的一般状况和这状况所表明的时代特征。这特征显现出审美心理研究是从美的本质、根源到审美现象、审美对象的过渡的中介，这也正好是本书重视的由工具本体到心理（情感）本体的过渡。

本来，任何科学，从基本理论到具体应用，都有一系列中介。如果希望拿美的本质就能直接解释这一切具体的美的现象，便是在方法论上忽略了这一点。美的本质是不是就等于审美对象（现象）？不等于，上节已讲过了。

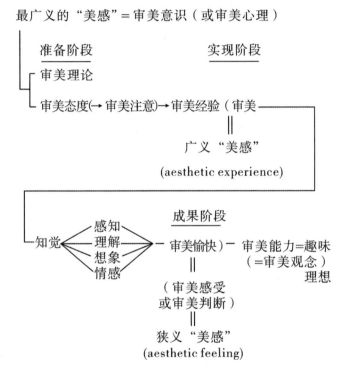

最广义的"美感"＝审美意识（或审美心理）

准备阶段　　　　　　　　实现阶段

审美理论

审美态度(→审美注意)→审美经验（审美
‖
广义"美感"
(aesthetic experience)

成果阶段

知觉　感知　理解　想象　情感　── 审美愉快)─ 审美能力＝趣味
（＝审美观念）
理想
‖
（审美感受
或审美判断）
‖
狭义"美感"
(aesthetic feeling)

很多西方美学家把美看作就是审美对象，而审美对象是审美态度（心理）加在物质对象上的结果，因此美是美感所创造出来的，从而美感和美也就是一个东西。这样解释美的本质、根源是不对的，但解释美感现象却有一定的道理。丑的东西因为有审美态度（心理）的中介，也可以成为审美对象。并且同一对象，因为审美心理的原因，对不同的人或同一个人有时感到美，有时不感到美。我不同意机械的反映论，我强调审美活动中的主观意识的能动性。但这能动性却又不是把审美对象与美的本质，把美感与美画个等号，就能解决的。相反，我始终认为，从美的本质（哲学问题）到现象（包括许多心理学问题）不是那么直接、简单，相反，要特别注意在两者过渡中的许多重要问题。

柏拉图曾希望找出一个美的共同理式，把这个理式灌注到那里，那东西就是美的东西。看来，这样一种美的共性追求似乎是太简单了。尽管万事万物的美确应有某种共同的根本或原始的基质即美的本质，但这种美的本质的哲学探讨毕竟只具有基础、前提和背景的意义。要把它贯彻到复杂众多的具体的审美现象、审美对象上，得经历一系列的中介环节。如上讲所说，即应该把美从根本上是如何来的（美的本质、根源）与你为什么会对某一事物感到美，亦即某一事物为何会成为你（个体或某一具体社会、时代的群体）的审美对象（美学客体）相区别开，这里是问题的不同层次。这正如用牛顿力学三定律解释某一具体的物理现象，将爱因斯坦的 $E=mc^2$ 的著名公式用到原子弹的制造上，也必须经由一系列的中介环节一样。由美的本质，即共同的美的根源、始基到各种具体的审美对象，即各种现实事物、自然风景、艺术作品作为审美对象的存在，应该承认，确乎需经由审美态度

● 深堂琴趣图 ［宋］

即人们主观的审美心理这个中介。

对审美经验、审美感受、审美态度，或总称之为审美意识的研究，自十九世纪费希纳（G. T. Fechner）提出"自下而上的美学"与"自上而下的美学"的区分①，要求美学从哲学体系中解放出来之日起，美学在审美心理学方面开拓了

① G. T. Fechner："当从最一般的观念和概念出发，而降到特殊，这是由上面来的美学……而从单个事实上升到一般或普遍的原则，这是自下面来的美学。在前者，审美经验的领域被纳入从最高观点来建造的一种理想的框架中；在后者，美学建立在审美材料的基础上，前者讲的是美的观念、艺术、风格……它们与真、善，以及与"绝对"的关系；后者则从令人愉快与令人不快的审美经验出发，不断归纳，以寻求审美的法则……"（转引自 Friedrich Keinz《美学讲演录》英译本，第 11 页）。

丰富的新领域、新方面。美学作为美的哲学日益让位于作为审美经验的心理学,美的哲学的本体论让位于审美经验的现象论,从哲学体系来推演美、规定美、做价值的公理规范,让位于从实际经验来描述美感、分析美感、做实证的经验考察。例如,在中国享有盛名的移情说、距离说,都是以某种美感经验的特征来确定审美规律,认为美或审美是某种无功利实用的心理距离、某种主观情感的移入对象,都是以日常审美的心理经验为依据或出发点。

当然,如果追溯历史,柏拉图的迷狂说,亚里士多德的净化说,十八世纪英国经验派美学(如J. Addison等人),以及中国古典美学也都已经注意审美心理特征问题。它们也可说是近代心理学美学的前驱。但由于整个生物学、生理学、心理学的不成熟,审美心理学的研究至今仍然处在非常幼稚的水平。马克思说过,只有数学进入某种学科才标志着这个学科的成熟。传为马克思写的《美学》条目中曾说,"我们必须有一门以数学为基础的更完善的心理学"。现在离这个目标还相当遥远。审美心理学要能够运用数学,如我提到的数学方程式(《批判哲学的批判》第10章),恐怕至少在五十年甚至百年以后。我经常愿意提醒,美学还是一门远不成熟的科学,我很同意上述百年前的《美学》条目中所说:"美学科学现在还处在幼年阶段。……我们还不知道,在建筑、雕塑和绘画中,'美的线条'究竟是什么;也不知道这

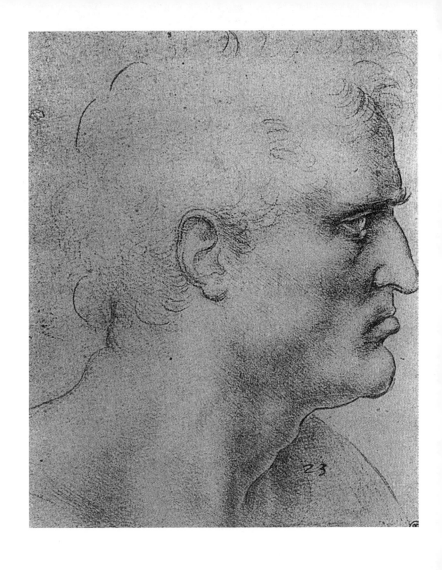

种美的线条凭哪些契合因素在我们的心灵中引起同情共鸣。我们也还不知道，某一旋律的魅力在哪里，它怎么会在我们的灵魂中唤起这样的感情。我们也不知道，是什么东西使诗的每一节奏、辞藻、形象和语言的声音具有迷人的力量。"但是，我也同样深信，如上述条目所说"趣味的法则虽然显得不如逻辑学和伦理学那样确定，但它无疑是在人类的天性中具有相同的基础，并且同样可以归纳成科学的体系"。审美心理学就正是要科学地实证地研究这种种问题，研究所谓"人类天性"，实即文化心理结构的审美法则问题，尽管它现在还处在如此初步的阶段，其前途却是远大的。审美心理学，将从真正实证科学的途径来具体揭示我们今天只能从哲学角度提出的文化心理结构、心理本体、情感本体的问题。我相信，迟早这一天将会到来，也许在下个世纪，也许在下下个世纪。

从这种标准和观点来看，曾经极享盛名的所谓距离说、移情说，严格说来，就并不能算什么科学的审美心理学的理论。它们并不是真正从心理学出发的研究成果，而只是对审美心理的一种现象性的素朴描述或设定。这类概念也不是科学的概念，这也有如托马斯·门罗所早说过：

> 所有这三个观念——移情、游戏与心理距离，曾显著地决定我们对艺术的解释，但其中没有一个是被现在的心理学家所真正注意的，至少在这个国家（指美国）和这种语言（指英语）内是如此……它们已不在今日特别是在美国、英国和意大利很有活力的三种研究主派之中，这三种研究可名之为心理分析的、格式塔的和实验的。①

---

① Morris Philipson ed., *Aesthetics Today*, p.280,Cleverland and New York, 1961.

实验美学是用一些颜色、形状、线段、音响给一些人看、听，测验反应效果，哪种看起来愉快不愉快等，从中归纳出一些法则，例如椭圆形比圆形更受人欢迎，黄金分割的线段最为人喜爱……如此等等。这方面积累了各种各样的实验材料。但它们到底有多少真正的科学性，在确定审美心理规律方面能占多大比重，是大可怀疑的。事实上，极为复杂的审美经验完全不可能还原为、归结为、等同于这种简单的形体线状的情感反应。同一颜色、同一形体、同一线条在不同的具体境状、构图、对象、序列中，便有极为不同的或完全相反的效果、反应、意义。实验美学的弱点和非科学性是一目了然的，所以现在已很少有人相信这种研究能探索到美感规律了。有人说："坦率地说，我不相信通过这种实验和测量，我们关于艺术已经了解许多……我也不相信按照这个方向我们会了解许多。"[1]因为"任何一个简单知觉本身的效果大不同于它处在更大形式中的效果。两个并排的小块颜色的效果或者一个简单的和音过程的效果，并不是它们在艺术作品中的效果的可信的标记……"[2]

比较起来，格式塔心理学和弗洛伊德心理学的美学理论要更为重要。前者如鲁道夫·阿恩海姆（Rudolf Arnheim）在

---

[1]　Morris Philipson ed., *Aesthetics Today*, p.290, Cleverland and New York, 1961.

[2]　T. Munro, *Towards Science in Aesthetics*, p. 50.

《艺术与视知觉》一书中认为，事物的运动或形体结构本身与人的心理—生理结构有某种同构对映效应，因此它们本身就是表现，对象之所以显得是人的情感的"移入"，其实就是由于这个缘故。微风中的柳树并不是因为人们想象它类似悲哀才显得悲哀，相反，而是由它摇摆不定的形体本身，传达了一种在结构上与人的悲哀情感相似的表现，人才会立刻感知它是悲哀的。所以，事物形体结构和运动本身就包含着情感的表现。任何线条也都可以是某种表现，各种升降、弱强、斗争、安息、和谐、杂乱……普遍地存在于宇宙中，它们都可以成为知觉的表现对象。艺术就要善于通过物质材料造成这种结构完形，来唤起观赏者身心结构上的类似反应，而并不在于只以题材内容使观众了解其意义而已。外行只看题目，内行却由形体结构本身直接了解到作品的意义，唤起身心的同样感受。由此可见，艺术作为表现，并不在于题材。抽象绘画没有主题，仍然不失为表现。塞尚和毕加索在同样题材的静物画中，因线条结构的不同，作了或安详或骚乱等不同表现，从而具有不同的审美特性。物质对象的形式结构与主体心理情感结构的对应，是一个很重要的问题，上讲已谈论过，它与我讲的文化心理结构形式有关。

弗洛伊德心理学则强调童年性爱，大家已比较熟悉了。我认为，也值得重视的是荣格（Jung）的"无意识集体原

● 静物与窗帘 ［法］塞尚

● 静物与壶 ［法］塞尚

型"论。荣格认为,人的大脑在历史中不断进化,长远的社会(主要是种族)经验在人脑结构中留下生理的痕迹,形成了各种无意识的原型,它们不断遗传下来,成为生而具有的"集体无意识",它们是超个人的。艺术家就像炼金术士一样,要将人们头脑中这种隐藏着然而强有力的原型唤醒,使人们感受到这种种族的原始经验。人在这种艺术作品面前,不需要靠个人的经验、联想就会本能地获得这些原型的深刻感受。荣格强调的是艺术—审美的超个人的无意识集体性质,这与我讲的"积淀"有关。

总体来看,如果说格式塔心理学注意了审美中感知因素的特征和复杂性,那么心理分析则挖掘了审美中情欲因素的特征和复杂性。但是,它们是否囊括或全面地描述了审美经验呢?没有。心理分析并未提供任何审美的标准或解释,它或者可以解释一首诗、一幅画、一个作家、一种意象表达了某种隐秘的深层情欲,暗含着某种无意识,但它"却不能给好坏艺术画出一条界线。对伟大作品是重要和有意义的特征,我们也完全可以在某些十分无能的画家、诗人的拙劣作品中发现"。[1]格式塔则主要限于知觉经验的动力分析,许多更为复杂的文艺现象,并没能深入涉及。可见,审美心理至今仍然是很大一片有待开垦的科学处女地。

----

① Susanne k. Langer, *Philosophy in a New Key*, p. 117.

但本书的性质是哲学的，下面只从哲学角度来简略讲述审美心理即美感的某些要点和特征。

2. 建立新感性

从主体性实践哲学或人类学本体论来看美感，这是一个"建立新感性"的问题，所谓"建立新感性"也就是建立起人类心理本体，又特别是其中的情感本体。

尼采（Nietzsche）曾以为，如果从接受者即欣赏者的角度来研究艺术和美学，只是女人美学。[①]尼采强调要从创造者的角度来研究美学，即从强力意志来研究艺术的创造。

本书不同意这一观点。其实，为尼采所批判的康德美学，早就提过天才与趣味的区别。康德认为，创作需天才，否则将是平庸之作。但比较起来，趣味仍然更为重要。

为什么？康德没说。其实，这里涉及的，正是人类心理本体的建设问题。

人从动物界脱身出来，形成了人性心理。这人性心理是

---

① 参阅尼采《强力意志》。

通过社会群体的各种物质的和精神的活动而实现的。其中，如我所一直强调，原始人的物质生产活动和巫术礼仪活动，是人性形成的最为重要的基础。人性心理在这基础上，通过世代的文化承袭而不断丰富、巩固、变异和发展，并随着人际关系的扩展而获有越来越突出的人类普遍性和共同性。所以，人性心理并非先验的产物，也非某个圣贤先知的个体创作。

人从动物界走出来，是依靠社会群体。但群体又由各个个体组成。个体并不完全屈从于、决定于群体，特别是群体社会愈发展，个体的作用、地位和独创性便愈突出和重要。个体的这种生动和独创可以是对群体的既成事实和心理积淀的挑战、变革和突破，而当这种挑战、变革和突破逐渐为群体所接受或普遍化时，它便恰好构成了群体心理的事实和革新。群体与个体便这样处在辩证关系中，尽管这是理想化了的简单公式，现实和历史要复杂万倍。

我所说的"新感性"就是指的这种由人类自己历史地建构起来的心理本体。它仍然是动物生理的感性，但已区别于动物心理，它是人类将自己的血肉自然即生理的感性存在加以"人化"的结果。这也就是我所谓的"内在的自然的人化"。

如前章已提出，自然的人化包括两个方面，一个方面是外在自然，即山河大地的"人化"，是指人类通过劳动直接或间接地改造自然的整个历史成果，主要指自然与人在客观关系上发生了改变。另一方面是内在自然的人化，是指人本身的情感、需要、感知、愿欲以至器官的人化，使生理性的内在自然变成人。这也就是人性的塑造。一个小孩如果不经过教育，不经过社会环境的塑造，就不能成长为人。如果小孩生下来被狼叼去，狼孩经过一段时间后，再也学不会语言，他（她）爬行，咬东西，也无所谓人性。因而我认为人性不是天生就有的。两个"自然的人化"都是人类社会整体历史的成果。从美学讲，前者（外在自然的人化）使客体世界成为美的现实。后者（内在自然的人化）使主体心理获有审美情感。前者就是美的本质，后者就是美感的本质，它们都通过整个社会实践历史来达到。

现在人们喜欢讲人性、共同美。我这里讲的共同人性，重复一下，是认为它并非天赐，也不是生来就有，而是人类历史的积淀成果。所以它不是动物性，也不只具有社会（时代、民族、阶级）性，它是人类集体的某种深层结构，保存、积淀在有血肉之躯的人类个体之中。它与生物生理基础相关（所以个体的审美爱好可以与他先天的气质、类型有关），却是在动物性生理基础之上成长起来的社会性的东西。它是社会性的东西，却又表现为个体性的。我在1956年提出的美感两重性（社会功利性与个人直觉性），也正是指的这种积淀了的审美心理结构。所谓"积淀"，正是指人类经过漫长的历史进程，才产生了人性——即人类独有的文化心理结构，亦即哲学讲的"心理本体"，即"人类（历史总体）的积淀为个体的，理性的积淀为感性的，社会的积淀为自然的，原来是动物性的感官人化了，自然的心理结构和素质化成为人类性的东西"。[①]这个人性建构是积淀的产物，也是内在自然的人化，也是文化心理结构，也是心理本体，有诸异名而同实。它又可分为三大领域：一是认识的领域，即人的逻辑能力、思维模式；一是伦理领域，即人的道德品质、意志能力；一是情感领域，即人的美感趣味、审美能力。可见，审美不过是这个人性总结构中有关人性情感的某种子结构。

如同人类创造了日益发达的外在物质文明的世界一样，人类的这个文化心理结构或心理本体也在不断前进、发展、创造和丰富，它们日益细致、丰富、敏锐和复杂，人类的内在文明由之而愈益成长。从儿童可以看出，任何种类的人类动作形式结构（例如使用工具的动作）的获得，都绝不是一件容易的事。成人看得极为简单的几乎是本能性的动作（例如结绳、使用筷子），对儿童来说都要经历一个从学习到熟练的艰难过程。审美心理结构的获得，当更是如此。就人类说，它经历了漫长的历史过程；就个人说，它必须有一个教

---

① 拙著《批判哲学的批判》，北京，人民出版社，1984，第 453 页。

松风高隐图 黄宾虹

育过程。而无论就人类发展或个体教育说，审美心理结构最初都是从活动中获得而后才逐渐转化、变形为静观的。就人类说，原始人的图腾歌舞是审美心理的最早的建构状态；就个人说，儿童的美育也应该从幼儿的游戏性劳作、歌舞动作活动开始，而后才进入对美术、音乐等静观欣赏。总之，由活动到观照，这既是外在自然人化的行程（上讲已谈），也是内在自然人化的行程，包括审美心理结构的历史产生过程（智力结构的形成可参考让·皮亚杰（Piajet）的著作）。它们本是同一人类史程的内外两个不同方面，它们同时进行，双向发展。

既然是历史的产物和成果，审美心理结构就不是一成不变的，而是随时代、社会的发展变迁在不断变动着。所以，这个共同人性和审美心理结构在具体历史条件下，总常有特定的历史的痕印——即具体的社会、民族、时代、阶级的特色。例如中国民族传统的审美心理结构，表现在艺术作品上，线重于色，想象重于感知，喜欢意在言外，强调情理和谐，带着长时期农业社会和儒道思想的痕迹。但民族性毕竟又是随着时代性而变化的，物质生活世界的变化迫使着精神、心灵及其结构相适应，从而心理诸因素的配置组合也必将变化。例如随着技术工艺和自然科学发达所带来的生活变迁，便使艺术中哲学意识、抽象理解和下意识的成分、因素都分外加重了。总之，随着历史的前进，随着整个人类心理结构的变化发展，人们在审美活动中的主观能动性愈益增大，每个人作为艺术家的习惯和能力在增强，审美的范围在扩大，艺术欣赏中的再创造程度不断提高，非美以至丑的对象日益容易变为审美对象，这既是反映现实世界中美的领域的扩大，也是表现心灵世界中审美能力的提高。它们标志着两个"自然的人化"的不断进展。

内在自然的人化，是我关于美感的总观点，它又可分为两个方面。

第一，感官的人化。马克思在《手稿》中说，人的五官是世界历史的成果。这即是说它们是由社会实践所造成的。如上讲谈美的本质所说，人类的实践活动不同于任何一种动物生活活动的根本分界之所在，就是人在劳动生产中能使用和制造工具。当原始人制造工具时，就必须注意它们的功能和形态，并把它们联结起来，如能穿刺的尖形、能滚动的圆形等，在对事物的功能形态的把握中，透过形式看到它的价值意义，这就使人的感官更加复杂。例如，它发展的不是比较被动的触觉，而是更为主动的动觉。

　　人的生产活动的面要比动物"生产"活动宽广复杂得多。人的活动不是单一的。从单一看，人有很多方面不如动物（没有动物的敏眼、锐牙、利爪、长腿、双翼、巨体、强力），人的本能的力量、能力要比好些动物差得多，但由于人是使用、制造工具的动物，在劳动生产中用工具改造自然界，涉及和揭示自然界的各种联系和矛盾，就要比动物宽阔得多、丰富得多。现实物质世界的各种各样结构、规律和形式日益深入和广泛地被揭示了出来，并首先保留、巩固、积累在这种劳动实践之中，这当然便直接作用于感觉、知觉、感受和情感等人的感性存在和五官感觉，而与动物区别开来。人的眼睛不同于鹰的眼睛。鹰的眼睛比人的眼睛看得远，它在高空中飞翔，对地面上的细小东西看得也很清晰，从生物本能这方面比，人的眼睛大不如。而且，就人类自身说，现代人的眼睛也不同于原始野蛮人的眼睛，原始人在攫取动物时眼睛很锋利，这也是现代人所达不到的，这好像是一种生理性的退化。但另一方面，却又有极大的进步，鹰和野蛮人不能观赏高级的造型艺术。人类听音乐的耳朵，欣赏绘画的眼睛，拉小提琴的手，都是随着人类历史的发展而出现的，这种进化便不止是生物性、生理性的了。达·芬奇的《蒙娜丽莎》，便不是野蛮人所能欣赏的。她的外貌所表现的内在的东西，非常丰富而微妙，不具有一定水平的"感受形式美的眼睛"是很难欣赏的。这也就是自然感官的人化。

感官人化的特点，从哲学上讲，就是马克思讲的感性的功利性的消失，或者说感性的非功利性的呈现，我认为这是马克思在《手稿》中的一个很深刻的思想，他十分强调人的感觉和需要与动物不同。动物的感官完全是功利性的，只是为了自己的生理性的生存。人的感官虽然是个体的，受生理欲望支配，但经过长期的"人化"，逐渐失去了非常狭窄的维持生理生存的功利性质，再也不仅仅是为了个体的生理生存的器官，而成为一种社会性的东西，这也就是感性的社会性。理性的社会性比较好理解，因为理性是指逻辑思维、伦理道德，总是和社会性相连。感性的社会性就比较难理解，因为感性总是具体地和个体的生理性的直接生存、欲望、利害相连，社会性似乎很不明显。美学要解决的恰恰是感性的社会性。马克思恰恰讲的是感性的社会性，感性的社会性是超脱了动物性生存的功利的。动物为了生存的需要，必须不停地觅食，不填饱肚子就无法生存。它们的感知器官完全是

● 蒙娜·丽莎 ［意］达·芬奇

为了生存（当然还有生殖）而活动而存在。人恰恰与动物在这方面区别开来。人的感性不只是为了生存、生殖的功利而存在。正因为如此，眼睛才变成了"人"的眼睛，耳朵才变成"人"的耳朵。马克思说："因此，（对物的）需要和享受失去了自己的利己主义性质，而自然界失去了自己的赤裸裸的有用性，因为效用成了属人的效用。"就是说它们不再只是属于自然的、直接的、消费的关系，不再只是与个体的直接的功利、生存相关。对于一个饥饿的人，并不存在食物的"人"的形态。他跟动物吃食没有什么区别，这是有很深刻的道理的。中国人吃饭筷子上常刻有"人生一乐"几个字，把吃饭当成是人的快乐与享受，不是纯功利性的填饱肚子。总之，是说人的感性失去其非常狭窄的维持生存的功利性质，而成为一种社会的东西。这也是美感的特点。它具有个体感性的直接性（亦即所谓直观、直觉、不经过理智的特点），但又不仅仅是为了个人的生存，它具有社会性、理性。所以，审美既是个体的（非社会的）、感性的（非理性的）、没有欲望功利的，但它又是社会的、理性的，具有欲望功利的。也就是说审美既是感性的，又是超感性的。为什么味觉、嗅觉、触觉不能成为主要的审美器官，因为它与个体生理需要和感受直接关联得太紧密，带有直接功利性质，动物性的因素仍然很强。为什么视觉和听觉能成为主要的审美器官（包括在文学领域，也是与视觉、听觉相关的想象、

表象最为发达），就是因为它失去了个体利己主义的性质，更多的是人化了的感觉，在这种感性中，充满了社会性东西，它们已经成为社会人的主要器官。

第二，情欲的人化。这是对人的动物性的生理情欲的塑造或陶冶，与人是具有感性欲望的个体存在的关系极为密切。人有"七情六欲"，这是维持人的生存的一个基本方面，它的自然性很强。这些自然性的东西怎样获得它的社会性？例如"性"如何变成"爱"？性作为一种欲望要求，是动物的本能，人作为动物存在，也有和动物一样的性要求。

但是动物只有性，没有爱，由性变成爱却是人独有的。像安娜·卡列尼娜、林黛玉的爱情，那是属于人类的。因此，人们的感情虽然是感性的、个体的、有生物根源和生理基础的，但其中积淀了理性的东西，有着丰富的社会历史的内容。它虽然仍然是动物性的欲望，但已有着理性渗透，从而具有超生物的性质。弗洛伊德讲艺术是欲望在想象中的满足，正是看到了人与动物的这种不同。

《批判哲学的批判》再三说明了这一点。其中曾引马克思的话："男女之间的关系是人与人之间的直接的、自然的、必然的关系。在这种自然的、人类的关系中，人同自然界的关系直接地包含着人与人之间的关系，而人与人之间的关系直接的就是人同自然界的关系，就是他自己的自然的规定。因此，这种关系以一种感性的形式、一种显而易见的事实，表明属人的本质在何种程度上对人来说成了自然界，或者，自然界在何种程度上成了人的属人的本质。因而，根据这种关系就可以判断出人的整个文明程度。"[1]这即是说"性欲成为爱情，自然的关系成为人的关系，自然感官成为审美的感官，人的情欲成为美的情感。这就是积淀的主体性的最终方面，即人的真正的自由感受"。[2]

---

① 《经济学—哲学手稿》(参看何思敬译本，北京，人民出版社，1963，第85页)。

② 《批判哲学的批判》，北京，人民出版社，1984，第435页。

"审美就是这**种超生物的需要和享受**，这正如在认识领域内产生了超生物的肢体（不断发展的工具）和语言、思维即认识能力，伦理领域内产生了超生物的道德一样。人性也就正是这种生物性与超生物性的统一。不同的只是，认识领域和伦理领域的超生物性质经常表现为感性中的理性，而在审美领域，则表现为积淀的感性。在认识领域和智力结构中，超生物性表现为感性活动的社会制约内化为理性；在伦理和意志领域，超生物性表现为理性的凝聚和对感性的强制，实际都表现超生物性对感性的优势。在审美中则不然，这里超生物性已完全融解在感性中。它的范围极为广大，在日常生活的感性经验中都可以存在，它的实质是一种愉快的自由感。所以，吃饭不只是充饥，而成为美食；两性不只是交配，而成为爱情；从旅行游历的需要到各种艺术的需要；感性之中渗透了理性，个性之中具有了历史，自然之中充满了社会；**在感性而不只是感性，在形式（自然）而不只是形式**，这就是自然的人化作为美和美感的基础的深刻含义，即总体、社会、理性最终落实在个体、自然和感性之上。马克思说：'旧唯物主义的立脚点是市民社会，新唯物主义的立脚点则是人类社会或社会化的人类。'①马克思主义的理想是全人类的解放，这个解放不只是某种经济、政治要求，而具

---

① 《关于费尔巴哈的提纲》，《马克思恩格斯选集》第 1 卷，第 16 页。

有许多更为深刻的重要东西，其中包括要把人从所有异化的状态中解放出来。美和审美正是一切异化的对立物。当席勒把'游戏冲动'作为审美和艺术本质时，可以说已开始了这一预示。人只有在游戏时，才是真正自由的。……"[①]

总体来说，美感就是内在自然的人化，它包含着两重性，一方面是感性的、直观的、非功利的；另一方面又是超感性的、理性的、具有功利性的。这就是我1956年提出的美感的矛盾二重性。从那时起，我就一直认为，要研究理性的东西是怎样表现在感性中，社会的东西怎样表现在个体中，历史的东西怎样表现在心理中。后来我造了"积淀"这个词，就是指社会的、理性的、历史的东西积累沉淀成了一种个体的、感性的、直观的东西，它是通过"自然的人化"的过程来实现的。这样，美感便是对自己存在和成功活动的确认，成为自我意识的一个方面和一种形态。它是对人类生存所意识到的感性肯定，所以我称之为"新感性"，这就是我解释美感的基本途径。一句话，所谓"新感性"，乃"自然的人化"之成果是也。

马尔库塞也提出过"新感性"，但他讲的"新感性"，似乎是对马克思《手稿》的一种误读。他把"新感性"作为一种纯自然性的东西，所以他讲的性爱、性解放，实际是主

---

① 《批判哲学的批判》，北京，人民出版社，1984，第413—414页。

张性即爱，性的快乐本身就是爱。记得我年轻时看高尔基的
《克里·萨木金的一生》第一卷末尾，那个女孩在第一次性
经验时想，这就是朱丽叶所希望而没有得到的吗？细节完全
记不清楚了。但这一点似乎没忘记。当时我感觉她提出了一
个很有意思的问题，即性与爱的关系、二者的共同和差别问
题。在现代，"爱"这种罗曼蒂克被一些人认为早已过时
了，只堪嘲笑，因之强调的完全是性的快乐。性的快乐当然

重要，它在中国长期遭到禁欲主义的过分压抑，值得努力提倡一下。而且性的快乐（做爱）形式也有人的创造，并非全是动物本能。但它毕竟不是人类心理发展的全貌。从整个文化历史看，人类在社会生活中总是陶冶性情——使"性"变成"爱"，这才是真正的"新感性"，这里边充满了丰富的、社会的、历史的内容。性爱可以达到一种悲剧感的升华，便是如此。同时它也并不失去有生理基础作为依据的个体感性的独特性。每个人的感性是有差异的。动物当然也有个性差异，但这种差异仍然只服从于本能地适应自然。人类个性的丰富性由社会、文化和历史而更突出，所谓"性相近，习相远""差之毫厘，谬以千里"，从而"新感性"的建构便成为极为丰富复杂的社会性与个体性的交融、矛盾和统一。

既然是理性向感性的积淀，既然是社会性、历史性向心理结构的积淀，各种心理功能如何协同组织、活动和建构，便成为需要进一步说明的问题。

3. 审美的过程和结构

依据本讲一开头所列的那张图表，下面拟对美感过程和结构作一并不科学的粗略描述，旨在从经验现象上较具体地验证上述哲学提法而已。

最广义的美感即审美意识或审美心理。它可分为几个阶段。

开始是准备阶段，在这阶段中最初是审美态度，也可称审美立场。

这个问题是近代美学注意的中心，在西方美学史上，自叔本华以来，这个问题提得十分突出。人们在审美时首先出现的就是审美态度。什么是审美态度？不同派别有不同说法，像很出名的"距离说"，要求主体与欣赏对象保持一定的心理距离，使自己从日常现实生活中脱离出来，保持一种与日常生活和实际功利无关的态度，即审美态度。迄今为止，这还是美学中经常引起讨论的问题。大家可能注意到在上列表里没有"审美主体"这个概念。现在很多文章喜欢使用"审美主体",我之所以不采用这个概念,就是因为一个人不能在很长时间内只保持审美态度。难道你能从早到晚整天保持审美态度,从生活中脱离开来吗?即使你欣赏最好的音乐或看戏,时间也毕竟是短暂的,更不能说一个人能整天、整月、整年对任何事物都保持超功利、超实用的审美态度,而构成一种所谓"主体"。真正严肃的宗教哲学家都认为人"不可能永驻于圣殿""他不得不一次次重返人世",[①]连神的世界也如此,更何况乎审美世界?也许可以对人生、对生活、对日常事务采取一种审美态度,比如庄子那种态度,但这也是一种比拟性的说法。它指的主要是一种理想人格,而并非能够整日间那么飘飘然。审美不能是很久的态度,因之不能构成一种"主体",而只是进入审美活动之前和之中的某种时间里比较短暂的心情、态度而已。但如同经常进入神的世界使精神不断得到洗涤净化而有益于人生一样,审美亦如此。它在你一生中的反复来去,就极大地丰富了你的现实人生。

审美态度作为进入审美经验的准备阶段,其中有个关键环节,即审美注意。审美注意就是审美态度碰到具体对象的时候,把注意力集中和停留在对象上面。这种注意力与一般的注

---

① 马丁·布伯(Martin Buber):《我与你》中译本,北京,三联书店,1986,第72页。

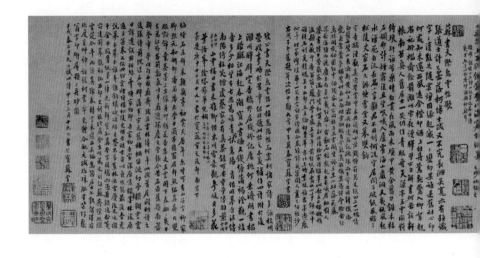

意力不完全一样，它主要是一种对于对象形式或结构的注意。审美注意把审美态度具体化了。科学家对对象也十分注意，植物学家看显微镜要注意细胞的组织情况、形状、结构，但这不是审美注意，因为这注意是与确定的概念思考联系在一起，它把这组织的形状、结构等与特定的意义、类别、问题直接联结起来，并过渡到科学的逻辑思考。破案的公安人员注意罪犯留下的手印、足迹的形状、结构，等等，但这也不是审美注意，他们由对形式的注意也马上要联系和过渡到逻辑思考，如根据足迹，判断罪犯有多高，是朝哪个方向跑的，等等。审美注意和它们不同，主要区别就在于审美注意并不直接联结，也不很快过渡到逻辑思考、概念意义，而是更为长久地停留在对象的形式结构本身，并从而发展其他心理功能如情感、想象的渗入活动。因之，其特点

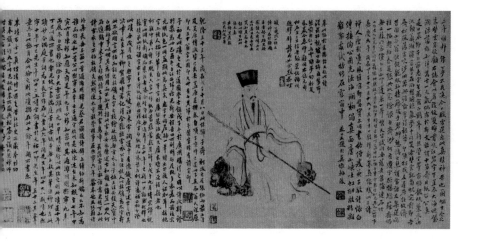

● 天际乌云帖（局部）［北宋］苏轼

就在各种心理因素倾注、集中在对象形式本身，从而充分感受形式。线条、形状、色彩、声音、时间、空间、节奏、韵律、变化、平衡、统一、和谐或不和谐等形式、结构的方面，便得到了充分的"注意"。让感觉本身充分地享受对象形式方面的这些东西，并把主观方面的各种心理因素如感情、想象、意念、愿望、期待等，自觉或不自觉地投入其中。这便和植物学家对细胞的注意，公安人员对罪迹的注意，根本不同了。

审美注意并不限于造型艺术，在主要诉诸想象的文学领域，也有这种情况。如中国诗文中所重视的"气势"，就有所谓抑扬顿挫的形式结构问题。欧阳修的文章和韩愈的文章味道不一样，因为气势不同，一种"气"比较壮健强盛，是阳刚之美；一种比较迂回和缓，是阴柔之美，古文为什么

要朗读而不默吟，就因为要求集中审美注意于结构形式，而感受这不同的"气势"。这种通由审美注意所获得的对对象形式注意所得到的感受，又恰好是与自己的情感形式相沟通的。这样，审美态度经过审美注意就真正进入审美经验，亦即完成了审美的准备阶段，进入审美的实现阶段。

审美态度只是美感的必要条件，而非充分条件；它是审美的前提，而非审美的实现。所谓审美的实现阶段，也就是人们一般所说的"美感"（狭义的美感），即审美愉快（Aesthetic Pleasure），或称审美感受（Aesthetic Feeling），只有康德独特地称之为审美判断（Aesthetic Judgement）。在我看来，三者异名而同实。

康德这个独特命名，有深刻道理。审美既不是理智的概念活动，为什么又是"判断"呢？这是因为，这里所谓"判断"，是指审美要求其有一种人人都共同承认的普遍必然的有效性质。康德认为美感虽然是感性的、个体的、主观的，但它具有普遍必然性。一般说来，口味、快感因人而异。但审美、美感却要求具备如同逻辑判断那种普遍必然性，它对每个人都必须有效，如同理性认识一样，所以把它叫作"审美判断"。从康德所用的这个词汇倒可以看出，美感既是感性的，又是超感性的，它们是在个体的感性中积淀着社会的理性。关键在于，这理性不是来自知性的逻辑，如康德所指出，它是来自人的各种心理功能（其中既包括知性〔理解〕，也包括想象力）的协合活动的结果。

可见，所谓"审美判断"是要表明，审美感受或审美愉快不是一种被动的产物，它不同于吃食物时的生理愉快（被动反应），而是人们主动进行的心理活动，有如人们主动进行的逻辑判断一样。所以康德以为，愉快在先还是判断在先，是快感与美感区别的关键。即是说，由愉快而判断对象为美，乃是生理快感；只有由人的各种心理功能和谐运动（"判断"）而生愉快，这才为美感。由此可见，审美感受不是某种单一或单纯的感知反应而已，它是一种积极的心理活动过程，其中包括了感知、想象、理解、情感多种因素的交错融合。也就是说，审美愉快之所以产生，是由于各种心理功能相互活动、交错融合的结果。所以说，判断在先，愉快在后，而不同于由感官感受直接产生愉快的生理快感。这一点，**我认为十分重要，确乎是审美心理的关键**，它说明审美不是被动的静观，而是一种主动的活动，是人的心理诸功能、因素自由活动的结果。喝杯啤酒感到痛快，这是生理愉快；干件好事精神感到满足，这是道德愉快；攻下一道难题感到兴奋，这是求知得到的愉快。审美愉快所以不同于这些愉快，原因很多，简单地说，它是更多的心理功能的活动成果。任何事物或艺术作品要使人获得美感愉快，就必须能够调动起人们多种心理功能的主动活动。这种活动是异常复杂的交错的，正是这种异常复杂的交错融合，形成了我称之为审美心理结构的数学方程式。

由此可见，美感或审美感受、审美愉快是一个颇为复杂的过程。但这与我强调的美感的直觉性并不矛盾，因为不但这过程一般在时间上相当短促、迅速，"当下易得"，而且这整个过程也仍然排斥概念认识，所以说具有直觉性的特征。至于将这过程看作"数学方程式"的说法，则当然只是一种比拟性的猜测，它也可能是某种结构性的数学公式，总之，其中有多项变数，相互反馈而构成某种流程。

所谓多项变数，其中包括各种心理因素、功能、成分，如意向、愿望、期待、想象、认识、情绪、心境、欲求，等等。为简明起见，下面仅以感知、理解、想象、情感四因素在审美过程中的一些情况和特征，分别做些简单描述。

美感由审美注意具体化到审美感知，开始进入实现阶段，美感实现阶段中首先是审美知觉，即对审美对象的感知。从审美感知便可看出人类"新感性"的建立，即在感知中由于渗透了其他的心理功能、因素，使这感知本身具有许多超感知的成分，而并不被人们自觉意识到。贡布里希（E. H. Gombrich）从艺术史强调说明过视知觉总是包含人们的认识、理解因素，一开始就与触觉动觉联系在一起，是具有"意义"的综合体。下面是一张心理学中常见的图。小孩的画和埃及人画的树大体属于A图类型，这实际是他们所理解所"认识"的"感知"对象：树是长在池塘旁边。大人的画和文艺复兴时期的画就不是这样了，而是B图那个样子，要从平面中看出立体。但要叫小孩看，他会说树长在池塘里去了，画错了。这两种画法在艺术上并无优劣之分，引用在这里，是想说明人类感官"本身"所具有的理解性的不同和增强，即对象不只通由感官而被认识（理解）的对象，而是作为实践的对象被感官所"立体"地感觉着，它已成为某种理解了的视觉（感知）对象，尽管可以是非自觉的。

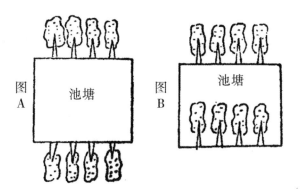

一般的感知如此，审美感知亦然。如同C. Geertz论证

人性是文化的产物一样，[1]Gombrich的论著也可说明人的眼睛——视知觉，同是文化的成果。[2]上述A、B两图正好表现了由"所知"，即理解，由外在来支配感知，进到"所见"，即理解已融化在视觉中，构成幻想世界。人类的时空感便属于这种历史的"文化"感知，它超越了动物生理性的感知。这也充分表现在画中，汹涌的大海和险峻的群山本都在一个平面上，但我们感到的却是山水对峙、惊涛骇浪的立

---

[1] Clifford Geertz. *The Interpretation of Cultures*. Ch. 1—2.

[2] 参阅 E. H. Gombrich. *Art and Illusion*.

体景象（三度空间），能"看出"它有好多层次。因此审美感知看上去似乎是纯感性的知觉，实际上是超感性知觉的，它包含着许多因素，尤其是认识、理解的因素。但这认识、理解却又只是因素，它已融解在感知中去了，成为非自觉意识到的东西。感知中积淀有认识、理解，这是人类感性的"进步"，这"进步"不是生理自然的生物学进化，而是历史所构建的文化心理结构的一种进程。我以前举过看电影的例子，开头人们看不懂特写（微像学）、交叉（同时态）、倒叙（回忆），等等。现在都能看懂了，不假思索就心知其意，这说明"感官"的"进步"。其实，耳朵能欣赏旋律，眼睛能欣赏线条，也是这种"进步"。线条、旋律比色

●庐山高图［明］沈周

彩、节奏需要的理解因素重得多。所有这些也就是"自然的人化"。也正因为审美感知是渗透了其他心理因素，是处在与其他心理因素的交互作用的结构体中，所以艺术才不愚蠢地要求感觉真实。中国艺术相当突出了这一点，绘画中的墨荷，戏曲中的时空，建筑中的园林都如此。中国独有的书法艺术则是使诉之于感知的色、线、形本身从物质对象世界中解放出来，以自身的自由组合而产生独立的审美效果，并不依靠它们所描述的客观事物或物质对象。现代艺术以及工艺的造型、色彩，均同此。感知本身可以创造和引向一个独

● 归棹图册之一［清］石涛

● 虾 齐白石　　　　　　　　　　　　　● 出水芙蓉图 〔南宋〕吴炳

立的审美世界。但是，感官又毕竟是生理的东西，它又仍然
保持它的生理特性。据说动物也喜欢圆形。色彩的冷暖感、
强弱感等，都是自然生理反应，它们在审美感知中，也非常
重要，经常构成审美感知的某种特征。名画《蒙娜丽莎》那
看来（视觉）似乎可触握的双手，与名句"玉骨冰肌，自清
凉无汗""清辉玉臂寒"那想象中的可感触性一样，不都以
其自然感性的特色吸引着、打动着人们么？青铜器的黑金
色和重量产生的深邃、凝重的质感，洁白大理石所传达的
清澈、宁静；"晨钟云外湿"、"绿杨烟外晓寒轻"所引
向的意境，不都与审美中的感知特色有关吗？桑塔耶拿（G.
Santayana）说："如果希腊帕特农神庙不是大理石的，皇冠
不是金的，星星不发光，大海无声息，那还有什么美呢？"
齐白石的《虾》的透明质感，宋人《出水芙蓉》的鲜娇如

真，丁尼生（A. Tennyson）的"Murmuring of innumerable bees"名句，吴昌硕画里的"金石味"，李贺诗里的浓丽鲜艳的色彩，阿海姆讲的颜色感知与心境、情绪、生理的直接的同构相似，不都是构成审美的重要原因吗？

　　但综上所述，人的审美感知已不是单纯的生理感官的愉悦，不是简单的同构对应，不是单一的感知和感受，而一般是既有动物性生理愉悦的机制，同时又是多种心理功能相综合的协同运动的结果。人类的审美感知已经是一个复杂的社会—生理产物。其中除了将生理感知赋予特定的社会含义如圆形之代表成功、完满，色彩标志等级服饰，人物之大小代表社会地位的高低（如阎立本的帝王图）等（这种社会约定又仍然受一定生理规律的制约，如黑色极少表示喜庆，最多只代表庄重肃穆；红色一般总象征热烈、活泼；人物大代表地位高等）之外，就在一般的审美感知中，便已包含着朦胧的理解，这理解不是社会的约定（如上述服饰色彩之类），

不是逻辑的认识，而是一种对自然形式的领悟。

"理解"在审美中有好几层内容。首先，审美总意识到自己处在非实用的状态，不必对所见所闻做出行动（广义）的反应。看戏知道舞台上的一切是假的，才不致提刀或开枪去杀剧中人。但看戏又在一定程度上经历着、分享着剧中人的哀乐。艺术创作也一样，例如，所谓演员的双重性就是一方面进入角色，与剧中人浑然一体，另一方面仍知道是在演戏，理知地控制、观察自己的一切。司汤达（Stendhal）曾讲到"完全幻觉的瞬间"，即是说，只允许"瞬间"的"完全幻觉"，似乎忘记自己是在欣赏，完全幻化到对象里去；但总的来说，审美总必须有欣赏的自意识（理解），这种意识作为一种当然的（如剧场、画框都是安排这种"当然"而设）潜在的理解因素而存在。所谓审美非功利性、距离说等，其实都是指这种状况，与对象融为一体却又仍然保持静观，不做出实用、伦理的现实反应。也正因为如此，艺术的

● 古帝王图（局部）［唐］阎立本

伊森海姆祭坛图 ［德］马蒂亚斯·格吕奈瓦尔德

真实才不要求等同于、模仿于生活真实，而"贵在似与不似之间耳"。这是审美理解的第一层含义。

审美中理解因素的另一层含义则是对对象内容的认识，这特别在再现艺术部门，对题材、人物、故事、情节以及技法、技巧的理知认识，经常构成欣赏的前提条件。如果你不懂十字架的含义，"桃园三结义"的故事，天鹅湖、魔笛的情节背景，你就没法"看懂""听懂"那些绘画、戏曲、舞蹈、歌唱。在西方的画中，十字架、蛇、羊都是有一定含义的，十字架是耶稣受难象征，蛇引诱人把禁果吃了，羊象征着迷途的羊羔。你不了解它们的含义，就不能欣赏它们。中国画《白蛇传》《桃园三结义》，要是不知道这些故事，就会问这三个人在干什么？这是审美理解中的第二层含义。

但所有这两种含义都还不是真正的审美理解，它们只是进行审美或获得美感的前提条件。审美理解的第三层含义在于，在审美中，在美感中，从理知上认识对象的情感性质、技术特征，例如"这个曲调是悲哀的""这种手法如何如何"，……许多行家、专业人员经常带着这种态度和理解来欣赏艺术作品。这种理解当然有助于审美感受的形成和获得，但它还不是我所特别重视的审美理解的第四层含义。这第四层含义的审美理解因素是更为内在和深层的。它指的是渗透在感知、想象、情感诸因素并与它们融为一体的某种非确定性的认识。它往往如此朦胧多义，以致很难甚至不能用确定的一般概念语言去限定、规范或解释。中国所谓"可意会不可言传",所谓"羚羊挂角,无迹可寻",所谓"可喻不可喻""可解不可解"……其实都是讲的这种审美中所特有的理解因素。这一点我在形象思维的文章中反复强调过。指出"理之于诗,如水中盐",因而是"有味无痕,性存体匿",即强调审美中有理解、认识的功能、成分、作用,却找不出它们的痕迹和实体。它们是溶化在水中之盐,但有咸味而已。审美中的认识是溶化在其他因素中的理解,但有某种领悟而已,经常是难以言喻的。这正是审美—艺术的妙处。否则有科学就行了,又何劳辛勤的艺术创作?有抽象的逻辑思维即可,又何必费心于形象思维?也正因为有这种领悟,它比确定的概念认识又总要丰富些、广阔些,真可说是"即之愈稀,味之无穷",可以使人反复捉摸,玩赏不已。这也就是艺术的认识不同于理论的认识所在。艺术家们所感受、所捕捉、所描述的,欣赏者们所感动、所领悟、所赞赏的,经常是那些已经出现在生活和艺术中却还不能或没有为概念所掌握和理解的现象、事物、情感、思想、心境、意绪。艺术能作为时代生活的晴雨表,走在理论认识的前面,也正因为如此。它对于丰富人的心灵,便不是智力结构(认识)或意志结构(道德)所能替代或等同,它却可以帮助这两种心理结构的发展。我在哲学中谈到的"以美启真""以美储善"即与此有关。正是它建构着不同于工具理性,也不同于道德实践理性的审美理性。这理性却恰恰是感性的。正是它，构成心理本体的最深层的实在，所以它是一种积淀的、历史性的存在。

当然，审美中的理解的非确定性与多义性，又不能说得那么绝对。它仍有一定的限定。即在非确定性中又有某种确定的趋向，在多义性中仍保持某种一定的意义。在许多时候，这种确定性的含义还可以相对突出，特别是在广大的再现艺术门类中（小说、戏剧、再现性的造型艺术以及标题音乐等）。所以审美中理解因素的地位及其与其他诸因素的配置、关连和结构，又是多种多样、五光十色的。以前我曾讲过"隐""秀"的不同："义主文外""余味曲包"（"隐"）与"波起词起""万虑一交"（"秀"），便是审美理解中的两种不同形态。前者（"隐"）是理解在暗中运行，与其他因素溶化得完全看不见，所以含义似在文词之外；后者（"秀"）则可以是某种突如其来、先获我心的顿悟式的领会，理解比较鲜明突出，这在喜剧艺术（例如相声）中很明显。此外，如现代艺术中理性的突出，理解、认识、概念因素的极大增强，等等。但所有这些，仍并不推翻上述审美理解的非概念认识的多义性、非确定性的特征。

感知作为审美的出发点，理解作为审美的认识性因素，其中介、载体或展现形态，则是想象。感知在生理上、理解在逻辑程序中都是常数，正是想象才使它们成了变数。

想象大概是审美中的关键，正是它使感知超出自身，正是它使理解不走向概念，正是它使情感能构造另一个多样化的幻想世界。动物没有想象，只有人能想象。从想象真实的东西，到真实地想象东西（马克思）。胡塞尔、沙特也都详细论述过想象。想象一开始便贯串在感知里，大家都知道，心理学也证实了期待在感知中的巨大作用。期待与过去的经验、习惯，同时也与对未来的希望、意愿相关联。它实际也是一种想象。想象把某些经验的（或体验的）东西提出来进行回忆、联想、类比、期待，把脑中一些模模糊糊的东西明确下来，想象是既与个别事物有关联，又是主动支配性的、具有综合统一性能的感性活动。正因为想象极为丰富和复杂，不为概念性的认识所规范，所以理解才多义而宽泛。想象又常常与情感、欲望等本能相联系，受后者支配，具有无意识的意向性。

在审美欣赏中，对内在意义的理解不是靠概念而正是靠想象来联系的。高尔基的《海燕》没有明确地讲革命，却给人以革命的启示。这是通过想象，即由想象来负载审美理解。无论是感知的"联觉"或上述所谓"隐""秀"，也都与想象相关。想象在心理学中一般分为再现性想象、创造性想象以及把联想（想象的一种）分为接近联想、类比联想，等等。接近联想如由齐白石画的《岁朝图》（爆竹）而感到春节的气氛，类比联想如用花比美人、用暴风雨比革命，等等。此外，

无意识中梦似的变形、浓缩、重叠、不遵守同一律（是A又是非A）等种种非理性的想象，在现代文艺中也广泛流行。艺术作品之所以必须具有"空白点"〔R. Ingarden（罗曼·英加尔登）〕，之所以具有朦胧性、不确定性，等等，便正是为了给想象以抒发活动的天地。如果没有这种活动，这个美感也就建立不起来了。从而，想象在这里便不简单是心理学的经验问题，而是关系到人性心理结构的本体论的哲学问题了。

想象的这种广阔性使艺术与生活的对应关系变得十分复杂和深刻。古典主义的三一律和模拟论美学早已被弃若敝

屣，主观心理的时空和主体感受的真实占领了现代艺术的中心。中国传统文艺则在实践理性精神的理解因素的渗入、支配下，"观古今于须臾，抚四海于一瞬"，相当重视想象的自由活动：中国戏曲中著名的各种虚拟程式；绘画、诗词中非常宽广的时空范围；不需要布景灯光，舞台上可以现出白天黑夜；不需要焦点透视，画面上可以展现万壑千山；它们并不着重生活真实的如实复制。也正因为想象丰满而自由，所以理解才多义而宽泛。想象不是为概念性的认识所引导所规范，而是恰恰相反，想象指示着、引领着、趋向于某种非确定性的认识。这正是艺术想象不同于科学想象的地方。科学想象是概念性的感性结构，而艺术想象则是饱含主观情感的心绪、意境、典型。弄清这种区分对于了解艺术的审美特征具有重要意义，也不至于把文艺与科学混同起来。所以，康德讲审美是想象和理解的和谐运动，趋向概念而又无确定概念，归结于某种概念便破坏或不能产生美感。因为，**审美愉快是多种心理功能共同活动（而其中又特别是想象活动）的结果**。康德关于审美是理解力和想象力和谐运动的论述，至今仍然是深刻和准确的，其缺点是太理性化，只讲有两种心理功能，讲的功能仍然太少。因为理解、想象力都是人类较高级的心理功能，而审美愉快中还包含着某些与人的生理欲望有关的心理满足，不只是理解和想象力而已。弗洛伊德派认为审美或艺术是欲望（特别是性欲）在想象中得到变相的满足。

这也就涉及审美结构和过程中的情感因素了。审美中的情感，又是极为复杂的问题。特别是它与想象的关系。

情感在科学想象中并不成为想象本身的构成、内容或动力，在日常生活和审美活动（包括欣赏的审美感受和创作的形象思维）却不然，正是人们的主观情感、心境、意志、愿欲……自觉或不自觉地成为驱使想象飞翔的内容、动力、中介和基础。客观事物所以能成为你的审美对象，如移情说所认为，是由于你的情感移入对象，于是主客融化，物我同一。在文艺创作中更是如此。总之，情感使想象装上翅膀，趋向理解，化为感知……构成特定的审美状态，即一定种类的审美感受、审美经验。不奇怪，近代的美学围绕着情感因素提出了不少理论，如立普斯等人的移情说，克罗齐—柯林伍德（Croce-Collingwood）的情感表现说，托尔斯泰的情感感染说等，弗洛伊德的性欲说也是一种原始本能的情感理论。

审美愉快包含不包含人的生理欲望或原始本能性的心理满足？尽管弗洛伊德过分夸张了性欲，但包括性欲在内的人的许多生理本能在审美中是起作用的。前面已谈过感知，即人的感官系统决定于人体生理，才有对红、黑、白等颜色的不同的感受和选择，夏天炎热，要是搞得满处都是红彤彤的，人会感到难受、烦躁、不舒服。但如果在绿油油一片田野中见到某些红色，却会感到分外高兴，万绿丛中一点红，感到适意和愉快。这里没有多少道理可讲，是一种生理性的感性要求和反应。既然连感官都如此，又何况内在的强烈的情欲。它们作为维系种族生存（如性欲）的基本动力，是强有力的生理心理功能，出现在审美领域中，便是非常自然的事情。其实，从审美的前提条件（如审美态度）开始，期待、意向的因素便经常受生物本能性的欲望所支配。饥饿要求食物、性欲要求交配，这些本能冲动是动物感性存在的基本组成部分。孟子早就说过"食色性也"，因此，所谓"情人眼里出西施"，固然有社会性因素，但其中无疑包括"异性相吸"的生物本能性的欲求。人是动物性的感性存在，某种本能性的欲望、意向、要求、期待，必然在审美中有所表现。虽然我不赞成把审美或艺术定义为"欲望在想象中的满足"，但在审美或艺术中却确有这种因素。问题在于这种因素也不是单纯的，而它与其他因素的配合也极为复杂。所以前面才说"情欲的人化"等，下讲艺术中还要讲到这一点。总之，审美愉快（美感）不只是一种心理功能，而是多种心理功能（理解、感知、想象、情感等）的总和结构，是复杂的、变项很多的数学方程式。这些变项被组织在一种不同种类、性质的动态平衡中，不同比例的配合可以形成不同类型的美感。例如，古代艺术给人以比较单纯的愉快感受，现代艺术给人的感受却非常复杂，一开始它给你不愉快，但你又偏偏从这种不愉快或不使你愉快中得到了某种精神满足，即愉快。所以，尽管不同于逻辑思维，审美感受经常是朦胧而多义，但它同时又异常细致而精确。这是不同于逻辑思维的另一种非语言所能传述的心理感受的精确。在艺术作品中，经常可以看到，一字之差、半拍之快（慢），一笔之误，便有天壤之别。正是审美感受这种复杂而精确的数学结构使它不同于日常经验，把人从日常生活中似乎拉了出来，以获得不同于现实习惯的新感受、新体验和新经验，美学中所谓"非理解性""心理距离""幻相""隔离"等，都来源于此，都是指的这种审美心理感受。这个复杂的审美结构是未

● 正在阅读的安德烈亚斯 ［挪威］蒙克

来的心理学需要解决的课题，现在解决不了。所以我讲，不要把美学工作想得太乐观，至少得五十年，甚至一百年。心理学发达以后才能取得真正的科学形态。现在只能做些表面描述而已。

这里的表面描述则只是为了从经验上观察一下，以说明"自然的人化"和"建立新感性"是一个深刻而复杂的问题。

那么，通过这个过程和结构所得到的美感（审美感受和审美愉快）本身，作为人性"新感性"和"自然的人化"，又是种什么状况和具有什么意义呢？它与日常的情感心理状况有何异同呢？

现代一些美学家否认存在有特定的审美感情或审美感受的情感状态。他们认为所谓审美感受、审美感情不过是日常生活中的各种经验的感受、感情的"某种方式"的"恰到好处"的协调、综合、均衡、中和，这种"中和"的感情越多、越丰富、越恰到好处，就越能形成审美感受，就得到越多的美感。例如看一场电影，读一本小说，我们随剧情或书中人的遭遇、命运而悲、而喜、而怒、而愤、而紧张、而愉快、而跋山涉水、而曼舞轻歌……经历了许许多多的经验、感受，这些经验、感受与日常生活的经验、感受并无不同，只是它们更为丰富多样（例如在小说中便可经历在生活中所得不到的种种感受和经验，如死亡、冒险、恐怖等），并且剪裁组织得非常之好，尽管你为这些虚构的人物、情节、故事大动其日常感情中的喜怒哀乐，但由于这些日常的喜怒哀乐已被组织、综合、协调、中和，于是使人最终感到的是一种愉快的感情。美感非他，即此之谓。可见并无特殊的审美

感情、审美经验，审美感情即日常经验、感情的如此"中和"而已。英国著名文艺理论家瑞恰慈（I. A. Richards）、美国著名哲学家杜威大体持此说。

　　另外一种相反的意见则是克莱夫·贝尔和罗杰·弗莱（Roger Fry）所持的审美感情说，他们认为有一种特殊的审美感情，它们是对对象的形式——色彩、线条、音响，即所谓"有意味的形式"的反应。只有在这种纯形式的欣赏中才能获得审美感情，其他涉及内容（如故事、情节、人物）的情感、感受或认识都不能算作审美。例如看陶器、书法等，只觉得线条、色彩很美，却说不出什么内容、意义、认识来，这才真算是审美。可见，审美感情与日常经验、感受没有关系，它只是对象"有意味的形式"所引起的特殊的心理对应感受而已。这种情况确乎也存在，不但书法、陶器、雕塑、绘画等造型艺术，就是在以概念为基本材料的文学中，例如诗歌中，也有与此类似（也只是类似）的情况。我曾以《诗经》的某些诗篇为例说，"虽然这些诗篇中所咏叹、感

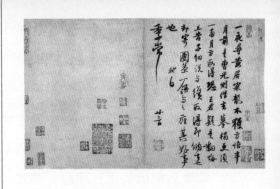

喟、哀伤的具体事件或内容已很难知晓，但它们所传达出来的那种或喜悦或沉痛的真挚情感和塑造起来的生动真实的艺术形象，那种一唱三叹反复回环的语言形式和委婉而悠长的深厚韵味，不是至今仍然感人的吗？"①它们的再现内容已不复可知，而留下来的正是这种情感的"有意味的形式"。这种"有意味的形式"激起人们的审美感情。各种造型艺术更是如此。

这两种意见颇不相同甚至对立，但都有一定道理。前者显然更适用于各再现艺术部类，后者则更与表现艺术合拍。但前者没看到美感作为积淀成果，与一般日常经验确有不同之处，它是人类新感性的高级产物，的确存在那种能欣赏纯形式的审美感受；后者却始终讲不清究竟什么是"有意味"，人为什么会有这种"纯粹"的审美感情，它们是如何可能的？同时也不能解释那种具有生活经验内容的艺术和审

①《美的历程》，第3章。

美。在我看来，二者以不同方式实际都提出了一个审美的心理结构问题。前者把这种结构由多种因素组成——即它由日常生活中的情感、理解、感知、想象这一方面突出来了，说明审美并不神秘，确乎与人们生活经验有关，是这些经验、感受某种特殊的组合。所以，这里重要的是，这些日常经验或多种因素必须组织在一定的形式中。用瑞恰慈等人的话来说，它们必须取得协调、均衡、中和，即把各种极复杂的经验、感受组织融合得"恰到好处"。这个"恰到好处"，不就正是指这些经验必须放在一定的形式结构里吗？后者如贝尔的"有意味的形式"，则直接指出这个艺术结构的形式特征。所谓独特的审美感情，乃是与这种艺术形式相对应的主观感情结构。这个作为心理结构的审美感情已经不同于作为这种心理结构因素之一的一般情感，它使这种一般情感在理解、想象诸因素的渗透制约下得到了处理，也即是所谓"情感的表现"［Collingwood（科林伍德）］、"情感的逻辑形式"［S. Langer（苏珊·朗格）］。从而这种作为心理结构成果的"审美感情"，并非如贝尔所以为，是某种神秘的本体实在或佛莱所认为的下意识。它们正是前引《美学》条目中讲的与"美的线条"等（有意味的形式）相对应的"人类的天性中所具有的""趣味的法则"。总之，这两派的不同，在我看来，在于前者（瑞恰慈、杜威）突出了审美的来源和组成，后者（贝尔、佛莱）突出了审美的成果和状态。一偏重于依存美，一偏重于形式美。其实，一方面，如果没有日常经验和生活情感作为被剪裁、被纳入、被熔铸的材料，那所谓"审美感情"的心理结构将是空的，"有意味的形式"的"意味"将无所由来；另一方面，如果有种种生活经验、感受或情感，而没有被纳入、剪裁和熔铸在一个审美心理结构中。那这些材料不过是一堆大杂烩，不可能产生"审美感情"。偏重欣赏具体内容和偏重欣赏形式以及装饰美的美感，都是由于心理结构复杂的方程式中不同比例的配合和组织、融化的缘故。所以在某些审美欣赏、感受中，有时似乎看不到形式，得到的美感似乎就是一种非常接近于日常道德、宗教、政治……的情感、态度和认识，直接感到心灵得到了洗涤、净化或认识，以至于痛哭流涕或喜欢之极。有时又似乎看不到内容，得到的美感似乎是一种独特的毫无认识、功利、伦理、宗教等实用内容的纯粹愉快。前者如看某些小说、戏剧、电影，后者如欣赏某些建筑、书法、工艺品，但实际上这两个方面都是存在的，只是在不同的对象中有各种不同的组织配置的结构罢了。

本书一再引用的《美学》条目说："在美学科学中，至今还有一个领域被忽视了，就是关于比例的理论。毕达哥拉斯和他的思想还没有找到继承人来说明形式美究竟是以什么为依据的，来分析各种艺术表现的一切不同形式，并且揭开各种艺术按照人的心理结构对人心所产生的特殊作用。"我以为，最后一句极为重要，应该提出如何能用比例的理论把人的心理结构以精确的形式表述出来。如前所说，直接进行这种研究也许要在几十年之后，因之，从作为它的物态化成果的艺术作品中，研究由各种形式的不同配置而产生的不同心理效果，探测不同比例的心理功能的配合，将是目前即大有可为的事情。各种不同类型、不同风貌、不同韵味的艺术作品所引起的相对应的各心理因素、功能的不同配置排列，便有各种不同的审美感受。即使在再现艺术或具象艺术中，不同艺术种类、派别和作品也给你不同的美感，有的偏于理智领会，有的偏于情绪感染，有的给你神秘的东西。表现艺术也不只给你以形式，有的内容很突出，有的具体的情感性很强，有的理解性也很强，各种艺术所调动的情感、想象、理解、感知的情况不一样，有的甚至哲理性很强，因之审美感受便不一样。再重复说一遍，从作为人类心理结构物态化成果的艺术作品中，研究由各种形式的不同配置而产生的不同心理效果，探测不同比例的心理功能的结合，是美学研究中大有可为的事情。潘诺夫斯基（E. Panofsky）关于视觉艺术的研究，如关于人体比例的不同所造成艺术风格以至审美感受的不同，便是一例。李白与杜甫，李商隐与杜牧，悲剧使伦理情感突出，小说则认识因素颇强，中国诗话、词话中经常讲究的字句的推敲，一字之差，境界顿异，……所有这些，都提供了进行这种文化心理结构研究的大量素材和题目。

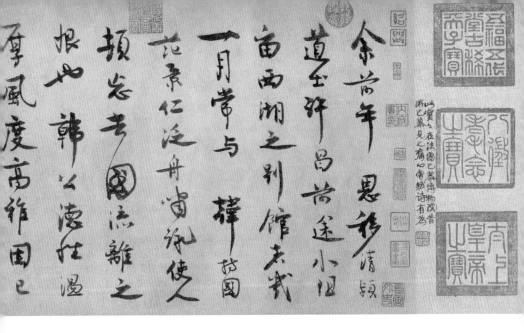

● 行草书自书诗卷（局部）［宋］王诜

　　审美经验的积累便产生审美观念，形成审美趣味，孕育审美理想，而达到成果阶段。需要说明的是，审美观念、审美趣味、审美理想不只是从审美经验中归纳或产生出来的。不仅以往的审美经验，而且还有许多其他因素，如个人的生活环境、人生经历、兴趣爱好、文化修养、个性倾向以及先天的气质、潜能等，都起重要作用。所以一个审美经验并不一定很丰富的人，却仍然可以有较高的审美趣味、审美理想，如此等等。并且它们和人的政治思想、理论修养也不一定一致。有的人政治上很"落后"，但审美趣味却很"进步"；有的人政治上很激烈，但审美趣味却很保守。有的属于个性差异问题，如有人喜欢李白，有人偏爱杜甫，歌德不欣赏贝多芬，列宁也不喜欢马雅可夫斯基……

总结上面，从审美结构和过程的经验描述，可以看到何谓积淀或自然的人化。康德偏重于知性的理解和想象力的和谐运动，弗洛伊德强调感性的原始本能，格式塔心理学研究了人与动物共有的生理感知，它们的复杂综合便正是我所说的美感的矛盾二重性，亦即在感性又超感性的积淀，亦即内在自然的人化或人类新感性的建构。这个建构即是康德所提出的不同于个体感官爱恶的审美的主观的普遍有效性和先验的共同感，而这，也就是康德—席勒—马克思的哲学美学的具体延伸，同时也就是由马克思回到康德再向前行进。

4. 审美形态

美感可以有多种不同形态的分类，如分为优美感、滑稽感、崇高感，等等，这是依据不同对象（优美、滑稽、崇高）而作的分类。它有某种描述厘定各种不同美感的经验意义。但这种区划是难以穷尽的，如前所述，美感由各种细致精确的不同结构组成，其中微小的差异即有感受的重要不同，例如在所谓优美感、滑稽感、崇高感中便又可以分划出更多的类别来，这当然是值得心理学的美学去继续区划、描述和研究的课题。

本书既从自然人化、积淀和文化心理结构立论，本讲既然重视的是情感本体，即新感性的建立，那么着眼点便不在这种区划和分类，而在注意于审美过程和结构的完成，即人的审美能力（审美趣味、观念、理想）的拥有和实现。这即是人的感知心意和内在精神的塑造建立，它表现为审美能力（趣味、观念、理想）的形态学。这才是本讲对审美形态的区划原则，即将审美分为"悦耳悦目""悦心悦意""悦志悦神"三个方面，这三个方面是人（人类和个体）的审美能力的形态展现。

悦耳悦目 这里指的是人的耳目感到快乐。这种看来非常单纯的感官愉快，前面已反复说过，也已是包含着想象、理解、情感等多种功能的动力综合，只是没有自觉意识到罢了。但也如前面所说，其中与感知相关的耳目器官的生理现象不容忽视。关键在于，这种生理性能和自然规律如何与社会性的性能相交织结构，以社会性的方式实现出来，并在此实现中使自然生理的耳目性能获得了丰富、发展，成为积淀的人性、人化的自然、人类所独有的心理本体，使人的感性存在也不同于动物。

人不同于机器"人"，因为人是一种自然生理的感性存在；人不同于动物，因为人是一种理性的存在；但更重要的是，人的感性本身已不同于动物，也不同于机器，整个哲学美学当前所要论述的，便是这样一个"教育学"或"美育"的问题。前面讲感官的人化，也就要落实到这种悦耳悦目的美感形态中来。

具体来看看。例如为什么科学定理、数学公式可以一直不变或少变，而人们却有千变万化的时装？这首先就与作为生理感官有关系。人的感官是容易疲劳的。再好吃的东西，假如你天天吃它，很快就不想吃了。再美的东西，你天天看它、听它，也就不一定感到美了，在北京住的人，如果天天去北海，便会感到没多大意思。可过一段时间再去，又感到有意思了。缺少变迁会使感官迟钝，没精打采，感官的东西与理性的东西不一样，人与机器不一样，它需要休息和变异，它要求新鲜活泼的刺激，才获有继续生存、活动的生命力。新的刺激使感知得到延长，甚至紧张，从而使知觉专注于对象，不至于因"习以为常"而"视而不见"，这样也才能不断地得到满足。现代流行音乐的时刚时柔，流派众多，此起彼伏，并不停步，亦以此故。正因为艺术和审美需要变异，一些美学家曾认为"美在新奇"，主张艺术家要善于发现、选择新的角度、途径、方法、形式，去创造新艺术风格。一部艺术史实际便是风格史。所谓风格史，也即是耳目感受的流动变迁史。不仅造型艺术，文学亦然，文学以形象表象联系着耳目感知。克罗齐说过语言本来就有美学因素（诸如车跑、风叫等），可是讲熟了，成为机械性的自动反应，便失去这因素了。日常语言常常把丰富的生活经验和感受僵化、固定化和割裂化，语言愈发达，抽象语汇愈多，这一点愈突出。少数民族的语言中的形象性、比喻性的东西就比较多，我们听了很新鲜，觉得富有诗意，但他们习惯这样讲，就并不一定会有同样的感觉了。在文学中，新词丽句，怪字僻语，独特比喻，便易于唤起新鲜的感知、想象和情感。所以形式主义文学理论，主张写诗要选择与日常语言不符合的、破坏日常规范化的语法、词汇和句子，使人产生"陌生感"才会受欢迎，从美感角度看，也可说正是抓住了人的感官需要变异，以及由之而引起的想象、理解和情感需要变异这个审美特点的。

审美经验中的感知变异又有两种，一种是和缓式，感知颇易适应。如服装，今天领子大一点，明天领子小一点；裙子一时长一些，一时短一些。稍微变动一点，看着很新鲜，这样经常变动，就受人们欢迎。有人曾研究服装史发展，尽管不断出现和流行时髦的服饰，但总的来看，这种变化原来是在绕圆圈，即变来变去又变回来了（当然又非完全的回归）。有时是大圆圈，有时是小圆圈。心理学中有所谓"差异原理"，不是太熟悉又不是太不熟悉的变异，能唤起知觉的新鲜刺激而感到愉快。十九世纪赫尔巴特（J. F. Herbart）的形式主义美学也证实了与旧经验又联系又差异的新经验，最易产生审美愉快。

另一种则是突变性的，急剧式的。如原来是直的，突然来个圆的；原来是规规矩矩的，突然来个离奇古怪的；猛然一看一听，觉得很别扭，感到不舒服，但慢慢地又觉得这种变革有强烈刺激的满足感，从而极感兴趣；或者觉得有点什么意思在里头，从而感兴趣。服饰上，前几年就有这种情况。从中山装突然一下到牛仔裤、花衬衫，引起了一些中老年人的反对，但获得了青年的极大欢迎而终于取得了胜

利。在文艺史上，这种情况便更多了。当浪漫派、印象派和抽象派出现时，都如此。每当一些作家艺术家跨步大一些的时候，都要遭到反对。如浪漫派作家雨果（Hugo）的作品，一开始人们反对得一塌糊涂。瓦格纳（R. Wagner）的歌剧刚上演时，观众说他是疯子，全剧场的人都反对，有的跳着骂。印象派的画展一出来也受到剧烈攻击；埃菲尔铁塔建成时被看作"极丑"，现在却成了巴黎的象征。总之，开始时首先总是在感知耳目上接受不了，太刺激、太刺眼、看不惯、听不懂……但终于被接受了下来，并日益获得欢迎。这种"看不惯"有时与理性并没直接关系，就是感性接受不了。但就在感性接受或不接受中，又有其深刻的理性原因。文艺史上以突破旧有感性，使习惯了旧有规范的感性把握不住从而造成痛苦、刺激、难以理解等审美效果，更是常有现象。当然，也有一出现便受到普遍欢迎的事例和情况，这大都也是由于某种社会原因使心理早已期待，渴望着某种变化的结果。"文化大革命"之后，青年们对朦胧诗、牛仔裤的普遍欢迎，便是一例。这正如1949年革命胜利后，年轻妇女由穿旗袍、擦胭脂、抹口红，一变而为戴八角帽、穿军服，完全不化妆……人们却觉得很美，挺好看一样。所以，值得注意的是，这种急剧式的感知变换，经常与一定的社会性的理性内容联系在一起，与人们心理的革命期待联系在一起。因此，在感官疲劳需要变异这个生理基础上，实际实现的变异却又具有着或充满了社会的内涵和理性的含义。感知变异或"陌生化"，生理性只是一个必要条件。如何变，向哪个方向变，怎样"陌生化"，才能产生新的感受，却又并不是任意的。它除了受身心的自然生理因素的规范限定外，又仍然受着社会性的制约牵引。如前所说过的服装一样，五十年代的青年们喜欢《王贵与李香香》，流行激昂慷慨的歌曲，现在青年们却喜欢朦胧诗，喜欢那些变形的、"看不懂"的抽象艺术。又如五四时期的白话文，今日文艺中的意识流手法……这是不是只因为感知要求变异的生理原因呢？显然不是，它有更深刻的社会原因，它们都标志着某种社会时代的积淀特征，这种积淀渗透和呈现在耳目感性之中，而以审美形式的变异表现出来了。而无论是和缓性的变异，还是急剧性的变异，对我们的眼睛和耳朵都是一种培养、锻炼、陶冶和塑造。它具体地表明了，人的自然生理性能与社会历史性能直接在五官感知中的交融会合。人类正是这样使自己内在的自然日益地不断地丰富起来。各种各样、多种多样的悦耳悦目，无论是日常生活、艺术作品，也无论是绿水青山、花香鸟语、黄昏落日、长江大河、碧野田畴、春风杨柳……这种种似乎只是诉诸耳目生理的感官愉快，也仍然或多或少地包含着由欣赏者不同的时代生活背景、社会文化背景和经验、教养背景所带来的不同的愉快。总之，在生理性的基础上，由于社会性的渗入，在感知基础上，想象、理解、情感诸因素的渗入，我们的耳目感官日益拥有丰富的包容性，它们远不是那么狭窄了。我们可以欣赏古典的芭蕾、书法、戏曲，也可以喜欢现代的家具、服装、音乐和抽象艺术，我们的耳目感知不仅一方面从纯自然生理要求中解放出来，而且也从纯社会意志支配下解放出来，而成为自由的感官。即耳目不只是认知而是享受，这享受不只是生理快感，而是身心愉悦。耳目愉悦的范围、对象和内容在日益扩大，这具体标志着陶冶性情、塑造人性、建立新感性的不断前进。它是人类的心理——情感本体的成长见证。

悦心悦意 从悦耳悦目的美感中，即可看出，审美愉快虽有自然生理的愉悦满足方面或内容，却已远远不止于它。通过耳目，愉悦走向内在心灵。而这就是悦心悦意。

1957年拙文《意境杂谈》中曾说："看齐白石的画，感到的不仅是草木鱼虫，而能唤起那种清新放浪的春天般的

虫草册页之一 齐白石

生活的快慰和喜悦；听柴可夫斯基的音乐，感到的也不只是交响乐，而是听到那种如托尔斯泰所说的：'俄罗斯的眼泪和苦难'，那种动人心魄的生命的哀伤。也正因为这样，你才可能对着这些看来似无意义的草木鱼虫和音响，而低回流连不能去了。读一首诗、看一幅画、听一段交响乐，常常是通过有限的感知形象，不自觉地感受到某些更深远的东西，从有限的、偶然的、具体的诉诸感官视听的形象中，领悟到那日常生活的无限的、内在的内容，从而提高我们的心意境界。"①悦心悦意是审美经验最常见、最大量、最普遍的形态，几乎全部的文学作品和绝大部分的艺术作品都呈现、服务和创造着这种审美形态。不像耳目愉悦受感官生理的制约局限，心意的范围和内容要宽广很多。它的所谓"精神性"、"社会性"显得更为突出，它的多样性、复杂性也更为明显，从而这一形态的千变万化，五彩缤纷，也就更加具有意义了。

前面讲感官的人化时，一再指出情欲的人化。在悦心悦意的审美形态中，便包含有这方面的内容。如同悦耳悦目使人的感官生理日益高级化、复杂化、丰富化一样，悦心悦意也同样使人的感性情欲日益高级化、复杂化、丰富化。这也即是"人化"的具体呈现。

---

① 拙著《美学论集》，上海，上海文艺出版社，1980，第324页。

————————————— ● 窗前的女孩 ［荷兰］伦勃朗

　　悦心悦意包含着无意识的本能满足。其中，性本能是很重要的内容。弗洛伊德之所以强有力地风行近一个世纪，正在他牢牢把握住了这一无可否认的原始的强大的生理本能力量。人类的性本能由于受社会条件和道德、法律、舆论的制约，被压抑或排挤到意识的深层变为无意识，成为一种巨大的能量，暗中影响着人们的思想和行为。我们每个人都做梦，都有过在梦中得到直接间接满足这种被压抑的性欲望的经验。在审美经验中，无论是欣赏还是创作，这种不可言说的本能、冲动、愿望、情绪、意念亦即感性底层的无意识，通过一种心理的形式结构被表露和召唤出来，以一方面宣泄，另一方面节制。连写情书都可以使性爱升华，更何况审美创作和欣赏的悦心悦意？在悦心悦意中，人的本能情欲由于处在多种心理功能（例如理解、想象等）的结构组织中，而"人化"了。这样也就塑造了人的情欲和心灵。艺术品之所以不同于白日梦，它所具有的那种要求普遍必然地产生审美感受的"判断"性质，便正在于它是多种心理功能的协同结构，从而改建和塑造了原始本能、生理情欲，才获有这种"普遍必然性"，也即是客观社会性。[1]这也就是陶冶性情、形成人性。人类的新感性也就正是通由这种悦心悦意的审美形态而不断建立起来。

悦心悦意作为感性与理性、社会性与自然性相统一的成果，其内容、层次、等级、类型，范围是极为广泛的。除了性本能，还有其他一些情欲、行为、心境、理念的被压抑，而通过审美获得解放和宣泄。它们也构成悦心悦意的内容。

当然，也不只是压抑的解放、本能的宣泄，而且还有在此范围之外的心意的满足和愉悦。包括从乡愁到爱国、从感怀到咏史、从友情到议政，等等。但由于本书重点在讲自然的人化，就不拟泛谈这许多方面了。总之，悦心悦意是对人类的心思意向的某种培育。看罗丹、伦勃朗的造型艺术，

---

[1] 所谓"普遍必然性"实即"客观社会性"，详见《批判哲学的批判》，第2章。

听巴赫、贝多芬的音乐，就并不是只悦耳悦目，而是培育心意。读文学作品，这点当然更明显。

由于年龄、经历、修养、文化、性格、气质的不同，人们对悦心悦意的要求和需要也不尽相同。我少年时喜欢读词，再大一些喜欢读陶渊明的诗，这也说明心意的成长，太年轻是很难欣赏陶诗的。读外国小说时，记得开始喜欢屠格涅夫，但后来读陀思妥耶夫斯基的《卡拉马佐夫兄弟》，看完后两三天睡不好觉，激动得不得了，好像灵魂受到了一次洗涤似的，这也说明悦心悦意所"悦"的已有不同，实际上这种悦心悦意已进入悦志悦神的范围了。悦耳悦目、悦心悦意和悦志悦神三者虽然确有区别，却又不可截然划开，它们都助成着也标志着人性的成长、心灵的成熟。对人类如此，对个体也如此。今天能够观赏抽象艺术和所谓"丑"的作品，实际表明心灵的接受量、包容量的扩大，它不只是耳目感官的"进步"，毋宁更是心灵境界的提高，是人的审美能力（趣味、观念、理想）的扩展。只有人具有审美能力，具有不同于机器、不同于动物的各种悦耳悦目、悦心悦意和悦志悦神的审美趣味、审美观念和审美理想。

关于"悦心悦意"所涉及的情欲人化等问题，在下讲中还要再次谈到。这里先看看审美能力的最后一种形态。

悦志悦神 这大概是人类所具有的最高等级的审美能力了。悦耳悦目一般是在生理基础上但又超出生理的感官愉

● 卢克丽霞的肖像 ［荷兰］伦勃朗

悦，它主要培育着人的感知。悦心悦意一般是在理解、想象诸功能配置下培育人的情感心意。悦志悦神却是在道德的基础上达到某种超道德的人生感性境界。

所谓"悦志"，是对某种合目的性的道德理念的追求和满足，是对人的意志、毅力、志气的陶冶和培育；所谓"悦神"则是投向本体存在的某种融合，是超道德而与无限相同一的精神感受。所谓"超道德"，并非否定道德，而是一种不受规律包括不受道德规则、更不用说不受自然规律的强制、束缚，却又符合规律（包括道德规则与自然规律）的自由感受。悦志悦神与崇高有关，[①]是一种崇高感。康德在分析美时，断定美与道德无关；在分析崇高时，却强调道德是崇高之基础，正是在这意义上，康德说"美是道德的象征"。[②]并指出，面对崇高对象，"……把感情提升到了顶端，那种感情的本身才是崇高——我们说它崇高，是因为心灵这时被激动起来，抛开感觉，而去体会更高的符合目的性的观念。"[③]黑格尔在《历史哲学》中则说："大海给我们以无际与渺茫的无限观念，而在海的无限里感到他自己的无限时，人类就被激起了勇气要去超越那有限的一切。"高级的艺术作品，如前面提到的陀思妥耶夫斯基的小说、贝

---

① 参阅《美学论集·论崇高与滑稽》。
② 《判断力批判》，上卷。
③ 《判断力批判》，上卷。

● 克洛夫利，北德文郡 ［英］透纳

多芬的音乐以及如好些中外著名建筑、雕刻等，都可以产生
这种崇高态度。并且也表现在对大自然的观赏中，如康德所
强调指出过的那样。暴风骤雨、狂涛巨浪、险峰峻岭、无垠
沙漠……在具有一定文化教养的人们那里，都可以唤起悦志
悦神的审美愉快。这种悦志悦神之审美感受既不同于观花养
草、欣赏盆景、玩弄鸟兽之类的审美感受（那属于悦耳悦
目、悦心悦意），也不是观赏任何壮观的书画所能替代。它
不仅不只是耳目器官，而且也不只是心意情感的感受理解，
而且还是整个生命和存在的全部投入。大自然之令人魂销骨

蚀，即在于此。这种悦志悦神，似乎是参与着神的事业，即对宇宙规律性以合目的性的领悟感受。在西方，它经常与对上帝的依归感相联系，从而走向宗教。在中国，则呈现为与大自然相融会的"天人合一"的精神境界。共同点在于：人作为感性生命的存在，终归是要死亡的，个体的生命都在有限的时空之中，因此人追求超越这个有限，追求超越这个感性的个体存在，而期待、寻求那永恒的本体或本体的永恒。不同在于：在西方这个不朽的本体永恒是上帝，从而追求灵魂不死，超越感性时空，进入一个纯精神的永恒本体。在中国，则不追求这种超时空的精神本体，而寻求就在此时空中达到超越和不朽，即在感性生命和此刻存在中求得永恒，这也就是与宇宙（整体大自然）的"天人合一"。孔子讲"逝者如斯夫"，孟子讲"上下与天地同流"，庄子讲"勿听之于耳，而听之于心；勿听之于心，而听之于气。视乎冥冥，听乎无声，冥冥之中，独见晓焉"。《乐记》讲"大乐与天地同和"，等等，都有这种意思，都在指出只有当人与自然完全吻合一致，才能达到所谓"极乐""至乐"的审美境界和感受，也就在这时空中超越了时空。庄子又说，"至乐无乐"，达到了最高级的音乐也就没有什么音乐了，达到最大的快乐也就无所谓快乐了。达到这个最高的境界，就超脱了一切，什么都无所谓了。中国的这个最高境界不是宗教的，而是审美的，因为它始终不厌鄙、不抛弃感性，不否定、不抛弃内在的和外在的自然。它是在感性自身（包括对象的整体自然和主体的生命自然）中求得永恒，这种审美感当然就不是耳目心意的愉悦的审美感了。①

上面谈"悦耳悦目""悦心悦意"时，都强调了生理性与社会性、感性与理性的统一和积淀，那么，这一问题又如何呈现在悦志悦神的形态中的呢？作为崇高感受的悦志悦神，其特征在于，似乎是在对自然性生理性的强烈刺激、对立、冲突、斗争中，社会性、理性获得胜利，从而使感性得到了陶冶、塑造和构建。在西方，它表现为对自然生理的某种压抑、舍弃、否定甚至摧残，以透显其精神性所建的崇高，这种悦志悦神包含着苦痛、惨厉、残忍、非理性的强力冲突等因素或过程，它实际走向或接近洗涤心灵（净化）的宗教体验，从希伯来的《圣经》、亚里士多德的《诗学》到陀思妥耶夫斯基以及尼采，都以不同方式呈现出这种特征。在中国，由于乐感文化和实用理性的渗透主宰，作为崇高感受的悦志悦神主要表现为一种生命力量的正面昂奋，即所谓"天行健"的阳刚气势，表现为一种"与天地参"的人的自然化；通过艰苦的自我修炼，人与宇宙规律合为一体，从道家气功到佛学坐禅中所达到的种种经验，以及宋明理学所宣

---

① 参阅拙著《中国古代思想史论》（北京，人民出版社，1985）;《华夏美学》。

讲的"孔颜乐处"的人生境界，都实际指的是这种不离感性又超感性的悦志悦神的审美形态。①

在走向一个交往日益频繁密切的世界文化的交会中，中国传统如何吸取西方宗教和艺术中那种痛苦悲厉的深刻感受，来补充和加深加强自己的生命力量，便是在培育塑造悦志悦神的审美能力所应特别重视的现代课题。其中，特别需要强调的是，中国传统的"天人合一"将不再是古典式的和谐宁静，而将是一个充满了冲突、苦难、斗争的过程，"天人合一"不再只是目的，而且也是过程。在这里，目的与过程（手段）是同一的，无论是"自然的人化"还是"人的自然化"，都包含着这种悲痛苦涩、艰辛的过程，但它不是宗教式为上天堂而苦痛，而是真实的感性的苦痛和艰辛。

最后要专门提及的，是在这"悦耳悦目""悦心悦意""悦志悦神"的形态中的人体肢体活动问题。在最早的美的创造和审美创造与欣赏中，亦即在原始的生产劳动和原始的歌舞礼仪中，本是以肢体活动为主的形式创造。在今天的幼儿和儿童的审美教育中，肢体动作的活动也仍然是和应当是一种基本的和基础的训练。因其中包括有对自由的形式的复现、领悟和感受。如何在高度机械化的世界，重新振兴对人类的肢体活动的培育训练，包括今日的气功、太极拳，

① 参阅拙著《中国古代思想史论》《华夏美学》。

便不只是涉及人的身体健康或延年益寿的问题，而且其中也包含有人的自然化和自觉塑造心理—情感本体的美学问题，这与美感的三形态也是密切相关的。这问题只能另处再谈了。

美学四讲
FOUR ESSAYS ON AESTHETICS

艺
术

1. 艺术是什么

当代美学很少研究美的本质这种所谓形而上学问题，主要集中在对艺术和审美的研究上。审美的研究也主要通过艺术（艺术原理、艺术史）来验证和进行，但至今关于艺术是什么？什么算是艺术品？这个似乎最简单的问题，也仍然是众说纷纭，莫衷一是，五花八门，各种各样。有些语言分析学家认为"艺术"一词包含的意义太多，也就没意义了，主张干脆取消"艺术"这个词，用音乐、美术、舞蹈这类具体的词代替它。可是"艺术"这个词又废除不了，人们仍然在日常生活和理论研究上广泛运用它，这使语言分析的美学家也没有办法。本讲暂把艺术（art）范定在一件件具体的艺术作品（work of art）的含义上，即是说，艺术是什么？艺术是各种艺术作品的总称。

那么，艺术作品是什么？艺术作品是指那一件件的雕塑、绘画、电影、音乐、舞蹈、戏剧以及文学（诗与散文）

等。一幅画、一曲音乐、一首诗、一个建筑……那就是艺术作品。

那么，它们又是在什么时候，或者说，是在什么条件下成为艺术作品的呢？

埃及的金字塔、殷周的青铜器、欧洲中世纪教堂建筑、中国与印度的佛像雕塑壁画、非洲的原始面具等，它们当年的创造并不是为了审美观赏，而有其宗教的、伦理的、政治的、社会功利的实用目的、价值和意义。这种所谓艺术品，其功能原非审美，它们本不是为了给人鉴赏的。"艺术品"这个概念在西方到近代才有。①就今天来说，造房屋、购衣物、添家具……也首先是为了实用。出土的陶器和青铜器，过去农民们挖出来常常只作储存什物的坛罐使用，它们也不是审美对象。而民俗博物馆与艺术博物馆的展品经常混同，也说明艺术品与非艺术品的界线异常模糊。艺术之所以难以界定，还由于现代派艺术作品的千奇百怪，不可捉摸。看完现代派有些艺术作品，更感到搞不清什么是艺术了。有的陈列品，就是一堆沙土，里面放些花生皮之类的东西；有的把几片破铜烂铁焊在一起；有的还用手按一下，从而像坐在汽车里观览街道，出现一闪一闪的景象。我有一张照片，似乎在抓住一位老太太的头发向上提，许多人看了说："你怎

---

① 可参阅 N. Frye, *Anatomy of Criticism*, Princeton, 1973, pp. 344-345.

● 白陶刻几何纹瓿［商］

● 马家窑文化彩陶钵［新石器时代］

么这样和老太太开玩笑？"其实，那是塑料做的假人，她坐在那儿低头看报，桌子上还摆一盘点心，看上去和真的完全一样。这也是艺术，即超级现实主义或照相现实主义的艺术。一位著名的艺术家把自己的小便壶拿上展览厅也称艺术品。一位音乐家"4分33秒"的完全沉默，毫不弹奏，也称艺术品。一些艺术家把自己涂上油彩站在展览厅内也称"艺术品"……所有这些，都使艺术与非艺术的区划非常困难。从而，反映在美学理论上，就有像乔治·迪基（G. Dickie）的艺术"惯例"论（或制度论，Institutional Theory），认为被一定的"惯例"或"制度"认为是艺术的就是艺术品，因此，什么是艺术得由博物馆的专家们或所谓"艺术世界"来决定。还有如当代著名美学家当托（A. C. Danto）认为应由理论来决定什么作品是艺术。所有这些，似乎并不具有多少说服力。

什么是艺术作品是一个问题，另一个问题便是艺术与审美、艺术作品与审美对象是不是一回事。

如上所述，无论是历史古迹还是现代什物，无论是教堂、塑像还是画幅、家具，艺术作品在许多时候并不是作为艺术对象（审美对象），而是作为其他对象而存在，如作为可供居住或礼拜的房屋，一块需要搬运的有色彩的木板或纸轴（绘画），一大卷黑白胶卷（电影），如此等等。可见只有成为人们的审美对象时，艺术作品才现实地存在着。从而，艺术作品究竟在哪里？是存在于心灵？存在于人性之中？还是存在于画布、石块、书页、乐谱之中？

从美学看，这两个问题是一个问题，即人工制作的客观物件包括实用物件和所谓纯艺术创作（fine arts），究竟是如何成为人们的审美对象的？

用创作者的意图、博物馆的"惯例"或形式、功能的区划，等等，很难说明艺术品与非艺术品的区别，很难说明作品作为现实物件与作为审美对象的不同所在的。接受美学（The Aesthetics of Reception）从接受者（读者、观众）的立场来历史具体地探讨作品被接受的各种条件、机缘、心理，实际是将审美心理学与艺术社会学融合在一起，这符合本书所倡导的哲学精神，我以为能较好解析这问题，也是大有前途的科学工作。

但本书却仍然只能从哲学角度来做点简单谈论。

就整体看，从古至今，可说并没有纯粹的所谓艺术品，艺术总与一定时代社会的实用功利紧密纠缠在一起，总与各种物质的（如居住、使用）或精神的（如宗教的、伦理的、政治的）需求、内容相关联。即使是所谓纯供观赏的艺术品，如贝尔所谓的"有意味的形式"，也只是在其原有的实用功能逐渐消退之后的遗物，而就在这似乎是纯然审美的观赏中，过去实用的遗痕也仍在底层积淀着，如欣赏书法中对字形的某种辨认，古庙或神像观赏中的某种敬畏情绪，等等。当艺术品完全失去社会功用，仅供审美观赏，成为"纯粹美"时，它们即将成为"完美"的装饰而趋向衰亡。这正是本讲下节要谈到的重要问题。艺术品如何从实用、功利的人工制作向所谓纯艺术的审美过渡，正是有关心理—情感本体的建构关键之一。

因此，何谓艺术品？只有当某种人工制作的物质对象以其形体存在诉诸人的此种情感本体时，亦即此物质形体成为审美对象时，艺术品才现实地出现和存在。

当这许多物质产品，从庙堂到服饰，从戏剧到诗文，还没有成为专门的、"纯粹的"观赏对象，当它们仍然负载着各种物质的或精神的功能、需要时，如祈福求神、劝善惩恶、商业广告、人际交流……由物质生产而得来的各种形式感受（参阅"美"讲），即已在这些物质产品的形式中展现和扩充开，它们已经在建构那审美心理结构，即建构上述之情感本体。只是这种建构处在从属的（从属于实用、功利）或不觉的状态下。其中最重要的正是，这种情感本体或审美心理结构从与其他结构的交会中发展、独立和分化出来。耶稣、佛、菩萨经过教堂、庙宇和宗教造像，进入人们心理，使人们获得超越的形上本体力量，从而，这些建筑、造像的形式结构与所要求展示的神，便有了某种的交流和灌注。戏剧尽管是为了娱乐，宣传或"劝诫"（均实用功能），但它的形式结构所强化了的人生命运的紧张度，却给予人们以本

体的感受和生命的冲力。于是，这些原来从属于或归属于实
用功能的形式结构日渐丰满和发展，而成为独立的审美对
象，实用功能日渐褪色。于是，所谓纯粹的"艺术品"终于
产生，教堂不再是礼拜场所，而只是旅游观赏对象；绘画不
再是"敦人伦，厚教化"，而只是"悦心悦意"而已。……
但即使在这种纯粹作为审美对象的艺术作品中，日常的、实
用的心理功能又仍然可以并存和交错，崇奉上帝的感情可以
与观赏哥特式教堂仰望上方的审美感受同时并存而且互相渗

透；热情沸腾的战斗意志和博厚仁爱的宽广心怀可以与倾听贝多芬第九交响乐同时并存而且互渗；这有如舒适合用的住房、家具、衣服可以与悦目赏心并存互渗一样。即使贝尔那不食人间烟火的"有意味的形式"，那高级精神贵族式的独特的"审美感情"，不也最终仍然指向了神秘的宗教体验么？

可见，实在没有所谓纯粹的艺术，只有或多或少地渗透人世情感内容的艺术。区别只在于这"或多或少"和这种渗透的结构方式，即上讲中多次提到的所谓"数学方程"。书法不同于电影，服饰不同于诗歌，作为审美对象的艺术作品，从美学看，却只有这种心理差别而已，只有它们与情感本体或审美心理结构的关系、层次的不同而已。

情感本体或审美心理结构作为人类的内在自然人化的重要组成，艺术品乃是其物态化的对应品。艺术生产审美心理结构，这个结构又生产艺术。随着这种交互作用，使艺术作品日益成为独立的文化部类，使审美心理结构成为人类心理的颇为重要的形式和方面，成为某种区别于知（智力心理结构）、意（意志心理结构）的情感本体。从而，艺术是什么，便只能从直接作用、影响、建构人类心理情感本体来寻求规则或"定义"。

也只有以此为大前提，上述以创作意图、博物馆的条例或功能、形式的区划来规定艺术与非艺术，才有一定的合理性。创作意图是为纯观赏还是为实用，博物馆从艺术传统的惯例，物品以其外在形式而不以其功能或功用等，来说明或规范什么是艺术作品，在构建这个相对于心理情感本体的艺术本体的前提下，都可以发挥其诠释作用。一件物品不是与某件悲哀、欢快的事件相联系，而只是以其形式结构的形体自身感到悲哀或欢快，这即是艺术品。这种形式结构所获得的独立力量或性质，不又正是上述那个由互渗交织而逐渐完成的情感本体的对应吗？即它以其形式自身作用、影响、建构心理情感，不再束缚于外在的实用的因素和功能。

所以艺术作为各种艺术作品的总和，它不应被看作只是各个个体的创作堆积，它更是一个真实性的人类心理—情感本体的历史的建造。如同物质的工具确证着人类曾经现实地生活过，并且是后代物质生活的必要前提一样；艺术品也确证人类曾经精神地生活过，而且也是后代精神生活的基础或条件。艺术遗产已经积淀在人类的心理形式中、情感形式中。艺术品作为符号生产，其价值和意义即在这里。这个符号系统是对人类心理情感的建构和确认。

然而，更具体一点说，艺术品是什么？它究竟存在在哪里呢？它有些什么基本要求或条件呢？

第一，艺术品必须有人工制作的物质载体，从创作说，艺术家必须将艺术想象中的幻想世界，确定在一定的客观物质材料上（作为绘画的画布，作为小说的手稿，作为建筑的木石……），成为物态化的东西，也只有在这"物态化"的过程中，这个幻想世界才能在不断的现实的修改变更中真正获得实现，而成为艺术品。所谓直觉即表现（克罗齐、柯林伍德），必须有物质媒介（鲍桑葵），也就是这个意思。从欣赏来说，艺术如果没有物质载体，就不能诉诸人的感官，艺术中的审美意义就无法传达给欣赏者，也无法保留给下一代。杜威、英加尔登（Ingarden）、杜夫海纳（Dufrenne）等一些美学家把它们或叫"艺术产品"，或叫"审美手段"，等等，都是指作为艺术承担者的物质载体，他们把它和审美对象或艺术作品做了严格区别。但首先，如果没有这种载体，艺术作品便不存在。

第二，美学家们之所以做这种严格区划，是想表明，艺术作品只现实地存在于人们的审美经验之中。在审美经验中，艺术产品才成为审美对象。因之，不管是专门为观赏创作的物品也好，或者是附着在物质（如居住）或精神（如礼拜）的实用物品之上的形式外观也好，艺术品现实存在的特征之一，是直接诉诸或引动、唤起人们的审美感受和审美经验。既然艺术品作为审美对象只存在于当人们去欣赏它们时，那它便是一种幻想的实在，这个幻觉或幻想的实在当然不等同于那个载体（画布、铅字、木石……）的物质实在。这个幻觉的实在的状态、性质既取决于那个物质载体所客观地提供一切，也取决于欣赏者主体个人所提供的一切。

这即是说，主体欣赏者的时代、社会、阶级集团、文化背景以及个人的性格、气质、教养、经历，以及原来拥有的审美经验和审美理想等，都有很大的作用。人们反复引用过马克思讲非音乐的耳的那段名言，说明只有进入你的审美范围之内才成为艺术作品。古代人不能欣赏青铜饕餮，认为它们是妖异；如同今天贫困的人无心去观赏歌剧一样。同一"艺术产品"（"审美手段"），对不同时代、社会的人，或同一时代、社会的不同的个体，是否能成为艺术作品（审美对象），或成为什么样的艺术作品，取决于人们的各种复杂的主观条件和状况。

如果说，物质载体（"艺术产品""审美手段"）是必要条件，那么，主题素养（审美经验）便是在某种限定意义上的充分条件，而艺术作品作为审美对象，便是这二者的统一交会。这是另一种主客观统一，是朱光潜所强调的主客观统一，它可以说明艺术的本质特征，但不是美的根源、本质。这在前面"美"一讲中已经仔细讨论过了。

那么，这对"艺术美"又如何呢？

"艺术美"的"客观社会性"从而便具有另一种含义。这种客观性不仅指艺术作品必须有物质载体，这物质载体总是客观物质的存在。而且更指这主体素养所结合物质载体所构成的艺术作品，并不只是停留于个体创作或欣赏时的审美对象，即是说，艺术作品又不止是审美经验而已，它既已是一种物态化的现实存在，尽管其幻相世界必须实现在各个不同的审美经验之中，但其共同可接受性，亦即诸审美经验的总和概括，却在构造人类心理的情感本体中取得了相对独立于各个个体的审美经验的本体性质，它获有了这种积淀的客观性质。这是人类共同的心理情感本体的物态化。这种客观性质当然更是社会的产物和遗存。

所以，从必要条件（客）和充分条件（主）两个方面看，艺术美具有本体性，具有客观社会性。这一客观社会性不同于美的本质的客观社会性，这也就是工具本体与情感本体之不同所在。

从必要与充分两方面条件看，艺术或艺术作品的定义必然是开放性的；并无一定的成规可以笼罩，不但物质载体可以日新月异，无所不可；而且主体需求、感受更是这样。即使是要求公认的普遍性的原则，也服从于一定社会、时代的人们的各种主客观方面的情况。接受美学和博物馆理论在此都有一定的道理。因之，何谓艺术，何谓艺术品，也就没有必要去追寻一个永恒不变、确定不移的定义或规定了。

艺术如此，从美学谈论艺术，其途径亦然。莫卡罗夫斯基（J. Mukayovsky）说："艺术品是在它的内部结构中，在它与现实和社会的关系中，在它与创造者与接受者的关系中，以符号形式呈现出来的。"这把艺术品放在它与社会的外部的现实关系、与创造观赏的内部心理关系和它自身结构的关系三重结构中来研究考察，是一种相当完整的方法或途径。因之，把艺术看作多元因素的现象，可以把它作为读者、作者、环境各种成分或因素的相互制约的有机整体来研究考察，也可以对作品各形式因素（音韵、节奏、文字、形象……）做精密的结构分析，而通过各种艺术现象（历史的、个别作品的、艺术家的、风格的、趣味观念的……）的分析考察，无疑将发现出许多具体的审美和艺术的规律。关于艺术的起源、趣味的演变、风格的传递和革新、艺术与社会的关系等，现在已经有了不少重要的理论和材料。随着实证学科的发达，它们也将日益科学化、形式化、精确化，并将分化为一些新的学科。审美心理学和艺术社会学还将分出许多枝干。这在本书第一讲"美学"中，已经讲过了。

在我们这里（中国大陆）经常碰到的一个问题是，美学与艺术概论或文艺学有否区分或如何区分？属于审美领域里的艺术社会学，无论是艺术理论、艺术史或艺术批评，如何能有自己的特色，它们如何能与一般的艺术学相区别？而上文提到的那些艺术理论或批评论著也经常只是在某一个方面或某种程度上属于或涉及美学范围，具有美学性质。那么作为自觉的美学组成方面、部分或内容的艺术社会学，它的特点是怎样的呢？

从本书自然的人化、建立新感性的心理情感本体的哲学美学看，这个特点便在围绕或通过审美经验这个中心来展开自己的研究或论述。它不是外在地去描述或规定艺术，例如去一般地研究艺术与生活、艺术与政治、艺术的主题、题材、体裁、技巧等，而是要将它们（艺术）作为审美对象来提出、来研究一系列根本问题，即将艺术品、艺术史和艺术批评作为审美对象的存在、历史和鉴赏来对待和研究。这样，就与前述审美心理学的研究密切相关，甚至渗透合流。艺术品真正作为审美对象的存在只有当人去欣赏它们时，它是一种幻想世界的实在，前面已讲，佛殿、菩萨本都是供人奉献膜拜的场所、对象，它们什么时候在什么条件下和为什么会成为人们欣赏、品味的审美对象（艺术品）？美只对心灵开放，艺术品作为审美对象既是一定时代社会的产儿，又是这样一种人类心理结构的对应品，对作为审美对象的艺术品的研究，不正是对物态化了的一定时代社会的心灵结构的研究，亦即对人类心理—情感本体的探究吗？因之艺术社会学也完全可以是某种形态的人类审美意识的存在、变化或发展的研究。审美对象如果这样地成为艺术社会学的主要课题，这就不同于一般的艺术学或文艺概论了。也就是说，特定的审美对象既然与特定的心理状态相关，从而，研究某种艺术品、某种艺术潮流、趣味、观念在何种社会时代条件出现、流行和衰落，研究作为审美对象即与人们审美经验、审美理想攸关的艺术品的各个方面，或者说，不离开审美经验而是从审美经验出发或以之为中心来研究、对待、探索现时代的艺术作品（文艺批评）或古代的艺术作品（艺术史），从中建立起关于艺术的审美原则（艺术理论、文艺学），这就属于美学领域内的艺术社会学的部分了。"接受美学"也许与此相当。丹纳（Taine）的《艺术哲学》便太外在，因为它只讲了艺术品与外在环境（种族、环境、气候）的关系。而就美学说，更重要的是艺术与人们特定的审美态度、审美感受、审美理想与心理结构的关系，亦即与上讲讲的构成审美经验的那几种心理功能或要素的关系。艺术品正是这几种功能或要素所构成的审美意识的物态化和凝冻化。在这个外化了的物质形态——艺术作品以及艺术潮流、倾向中，可以看见一部触摸得到的人们内在魂灵的心理学。艺术正是这种魂灵、心理的光彩夺目的镜子。审美对象的历史正是审美心理结构的历史，是人类自己建立起来的心理—情感本体世代相承的文化历史。同一作品同一对象在不同时代社会的不同遭遇，折射出不同社会时代不同人们的不同心灵。这些心灵尽管一方面归根到底仍然是特定的社会经济、政治、文化所决定和规范；但另一方面，而且从美学看是更为重要的方面，即它们又悠久流传，至今仍在。词所以大行于五代北宋，正如小说戏曲高潮在明中叶，诗在唐代极盛一样，它们都是时代的产儿，展示的是特定社会时代下人们心灵的物态化的同形结构。但更重要的是，唐诗宋词仍然万口传诵，并

● 南唐文会图〔宋〕

不澌灭。理性的、浪漫的、感伤的……各种艺术倾向和潮流的出现与更替，是人们审美心理中各种不同要素的不同凸出和不同比例，更重要的是它们的不断沿承，展示了人类心理—情感本体的不断充实、更新、扩展和成长的历史。正是它们不断构成着和构成了这个日益强大的情感本体世界。从这个方面或角度去研究作为物态化的审美经验的艺术，比起直接研究心理学，便具有更为丰满多样的历史具体性，这种艺术社会学的崭新研究，也可以给整个心理学以重要的推动和刺激。这种艺术社会学与审美心理学的融合统一，恰好是马克思讲的人的心理以及五官是世界历史的产物，亦即"自然的人化"这一哲学命题所提示的具体科学途径。从而，美的哲学与审美心理学和艺术社会学的基本原则将是一个统一整体。从哲学到心理学到艺术学，从美的本质到审美经验到审美对象，本书这个论述过程，也企图反映出从抽象到具体、从简单到复杂那美和审美的逻辑和历史的总体行程。它企图展示美的本质与人的本质相关联、艺术本体与情感本体相关联，亦即将美的根源与工具本体，艺术作品与心理（情感）本体联系起来。从这个角度，本讲将艺术作品简单分为三个层面来粗略地谈点意见。所谓三层面即艺术作品的形式层、形象层和意味层。形式层与形象层大体相当于"美感"一讲中的感知与情欲。当然这三个层面并不能截然划开，它们三者经常处在同一个审美对象中，彼此渗透交融和反复重叠，并且还有种种交错复杂情况。例如文学作品诉诸感知的形式层就极模糊，一部小说是以白纸、铅字、油墨气味呈现给感知的，因此，对它的所谓感知主要包含在表象（想象）里。有的艺术不一定有蕴含明确情欲的形象，如某些（不是所有）装饰艺术。至于意味层，更不能独立存在，它就存在于形式感知层和形象情欲层里面而又超越它们。

从三个层面可以看出，它们不过是将前述美和美感两讲中关于"自然的人化"（感官的人化、情欲的人化）的理论，在艺术中加以重复展开而已。

2. 形式层与原始积淀

本书不是艺术社会学或艺术史哲学，不准备具体讨论艺术起源诸问题。但对艺术起源和艺术本性的一个有关问题——"究竟艺术在先还是美感在先？"却必须有哲学的回答。

这是个长久争讼未决的问题，有人从洞穴壁画证明艺术在先，有人从石器纹饰等，认为美感（审美）在先。

本书采取后一立场，虽然不以器物纹饰（提篮纹、编织纹）立论。关于这问题曾有过一些误解。拙著《美的历程》第一章中，引用了一些图片，说明几何纹线是由鱼、鸟、蛙等具体的动物形象演变而来的，是由写实变成抽象线条的。我现在还坚持这个观点。但由此有人认为我主张所有的线条都是从具体的写实的东西变来的，这就不对了，我没有这个意思。恰恰相反，我认为最早的审美感受并不是什么对具体"艺术"作品的感受，而是对形式规律的把握、对自然秩序

的感受。原始陶器的某些（不是一切）抽象纹饰确是有它的原始巫术、宗教的内容的，是由具体写实的动物形象变化来的。但是，纹饰为什么以某种形式的线条构成或流转为主要旋律？为什么从具体的动物形象变成抽象线条的时候，是这样变，而不是那样变？为什么不乱变一气而遵循一定的秩序规则（如反复、重叠、对称、均衡等）而成为美呢？这些美的秩序、规则从何而来呢？如讲美的根源时所强调指出，这是因为原始人类在生产活动中对自然秩序、形式规律已经有某种感受、熟悉和掌握的缘故。它所以在变化中要朝着某种方向，遵循某种规律，就因为原始积淀在起作用。

什么叫原始积淀？原始积淀，是一种最基本的积淀，主要是从生产活动过程中获得，也就是在创立美的过程中获得，这在"美"一讲中已经说明，即由于原始人在漫长的劳动生产过程中，对自然的秩序、规律，如节奏、次序、韵律等掌握、熟悉、运用，使外界的合规律性和主观的合目的性达到统一，从而才产生了最早的美的形成和审美感受。也就是说，通过劳动生产，人赋予物质世界以形式，尽管这形式（秩序、规律）本是外界拥有的，却是通过人主动把握"抽离"作用于物质对象，才具有本体的意义的。虽然原始人群的集体不大，活动范围狭隘，但他（她）们之所以不同于动物的群体，正在这种群体是在使用、制造工具的劳动生产过程中建立起来的"社会"关系。只有在这种社会性的劳动生产中才能创建美的形式。而和这种客观的美的形式相对应的主观情感、感知，就是最早的美感。如"美感"一讲中已说明，它们也是积淀的产物：即人类在原始的劳动生产中，逐渐对节奏、韵律、对称、均衡、间隔、重叠、单复、粗细、疏密、反复、交叉、错综、一致、变化、统一、升降等自然规律性和秩序性的掌握熟悉和运用，在创立美的活动的同时，也使得人的感官和情感与外物产生了同构对应。动物也有同构对应，但人类的同构对应又由于主要是在长期劳动活动中所获得和发展的，其性质、范围和内容便大不一样，在生物生理的基础上，具有了社会性。这种在直接的生产实践的活动基础上产生的同构对应，也就是原始积淀。

在最原始的生产中，从人类利用最简单的工具——如石器、弓箭等开始，在这种创造、使用工具的合规律性的活动中，逐渐形成了人对自然秩序的一种领悟、想象、理解、感受和感情。而当在改造客观世界中达到自己的目的，合规律性与合目的性在感性结构（劳动活动本身）中得到统一时，就产生情感愉快，这便是最早的美感。其中虽已包含着朦胧的理解、想象和意向，但它首先却表现为一种感知状态，表现为感觉、知觉，它可说是使人类精神世界的史前史，这即是原始积淀。可见，在这种原始的积淀中，已在开始形成审美的心理结构，即人们在原始生产实践的主体能动活动中感到了自己的心意状态与外在自然（不是具体的自然对象，而是自然界的普遍形式规律）的合一，产生审美愉快。由此应得出一个结论——审美先于艺术。

最早的美感并不在艺术，但后代以及现在的生产活动和原始时期已有很大的不同，那么后代以及现代人的审美是否还包含着"原始积淀"？我们现在对自然规律的掌握，已经远远超过几千年、几万年以前的水平，不像以前那么简单了，我们的"艺术"与生产劳动的关系也已经不是那么简单直接了，但是，里面还有一些基本的东西，如艺术作品中的时空感、节奏感等，便仍然有这个从社会生产实践和生活实践中吸取、集中和积累的原始积淀问题。

例如，人类在实践活动中所获得的时空感是与动物不同的。尽管动物也可以有某种定向反应之类的时空感觉，但这只是动物感官的生理反应，与人的时空感知或观念有本质的不同。人类的时空感或观念是实践的成果，是在历史性的社会关系制约下，由使用工具、制造工具而开创的主动改造环境的基本活动所要求、所规定而积淀形成的。它们超出了仅仅是感官反应的感觉性质，而成为某种客观社会性的原始积淀，并随历史而演变。[①]例如，在远古，原始人的时空感如孩童般地混杂不清，"绵延"一片，随着社会的进步，才开始有了初步的区分形式，但人们的时空观也还经常与现实生活中的某些特殊事物、特定内容纠缠在一起，例如时间就是季节或节令，空间就是方位（东、西、南、北），还没有比较抽象的普遍的形式。农业社会、工业社会以及未来的信息社会，人们的时空感知各不相同，从而对艺术内容和形式，例如节奏感，便有很大影响。大家都熟悉，农业社会的艺术节奏与今天有很大不同。可见，不是动物性的个体感知，而是社会性的群体实践的间接反映，才是人类时空感知和其他感知的真正特性，它们构成了某种原始积淀，突出地呈现在艺术作品的感知层中。

为什么不同时代不同民族有不同的工艺品和建筑物？为

---

① 参阅《批判哲学的批判》第 3 章。

什么古代的工艺造型、纹样是那样的繁细复杂，而现代的却那么简洁明快？这难道与过去农业小生产和今天的工业化大生产、生活、工作的节奏没有关系？为什么当代电影的快节奏、意识流以及远阔的现实时空感和心理时空感，使你感到带劲？因为这种时空感和节奏感反映了一个航天飞行的宇宙时代的来临，它有强烈的现时代感。这些便是属于艺术形式感知层中的原始积淀问题，即主要是呈现在艺术外形式中的时代，社会的感知积淀。

但艺术作品的形式层不止是原始积淀，尽管原始积淀是其中极为重要的方面、内容和因素。如"美感"一讲中所指出，作为艺术作品的物质形式的材料本身，它们的质料、体积、重量、颜色、声音、硬度、光滑度等，与主体的心理结构的关系，也构成艺术作品诉诸感知的形式层的重要问题。就从最单纯最基本的质料讲，同一雕像，采用黝黑粗糙的青铜还是采用洁白光滑的大理石，便给人或强劲或优雅的不同感受。假如维纳斯塑像是青铜的，巴尔扎克塑像是大理石的，给我们的感知将是什么样呢？肯定不是现在的艺术效果。国画是用绢还是用纸，照片是用黑白拍还是用彩色拍，不同物质材料作为作品外形式，直接诉诸人们的感知，其中大有讲究。

艺术品的体积也很重要，西方教堂内部既空阔又高耸的空间，使你一进去就受到震撼。为什么菩萨要做得很大很

高，它们巨大的体积给你一种压迫感，觉得自己很渺小，这样才能使你体验到他们法力无边，神通广大。至于声音、重量等，也是如此。包括在文学中，声音对审美感知便起很大作用。中国的诗词一向讲究炼字，其中便包括字的声音，如"春意闹""推"或"敲"等有名例证。以及如高音与光明、低音与黑暗等，也都说明由艺术形式诉诸感知所造成的各种感知间、感知与情感间的复杂丰富的同构感应关系。上章已经讲到，中国诗文特别强调朗读。因为通过朗读的声音来实现形式诉诸感知的节奏感、速度感、韵律感。五律之凝重，七律之流动，绝句的快速，古风的浩荡，骈文的对称，散体的舒畅……韩愈文章的阳刚雄健，欧阳修文章的阴柔温厚，王安石文章的峻险廉悍，苏东坡文章的吞吐汪洋，等等，便都是这个诉诸人们感知的艺术的形式层。亦即是说，人们通过所谓"文气"的领会把握，以感知美的形式，这形式不是逻辑思维的认知，而只有通过感性知觉去掌握会通。通过朗读，才能感知、领会和把握到这种种不同的艺术形式

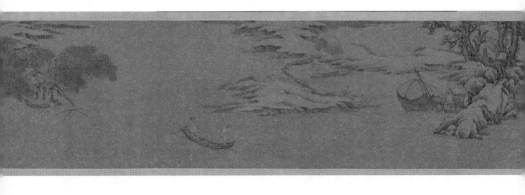

● 雪渔图卷〔宋〕

及形式美。中国书画创作在基础阶段，特别重视模仿，也正是为了直接掌握、领会和熟悉这种美的形式，即艺术的感知形式层。中国古代许多学问都讲"气"，哲学讲"气"，中医讲"气"，文艺也讲"气"，"气"是精神的还是物质的，这很难说，但它的基本特征是一种诉诸感知的生命力量。曹丕说："文以气为主，气之清浊有体，不可力强而致。譬如音乐，曲度虽均，节奏同检，至于引气不齐，巧拙有素，虽在父兄，不能以移子弟。"（《典论论文》）可见"气"包括上述韩、欧、王、苏的文气在内，都既与人的生理有关，也与物质质料和结构（诗文的字、句）有关。前者也只有通过后者才能具体实现或表现出来。这种不是来自内容而是来自形式结构的"气"（其静态则称作"势"），亦即作品自身的构图、线条、色彩、韵律、比例、虚实（中国画中的空白，中国古文中的虚字如《醉翁亭记》著名的"也"字）等，能直接影响人的心理，甚至比来自内容的东西更具有力量，它不需要具体的理解、想象和具体情感的中介，而直接唤起、调动人的感受、情感和力量。

艺术家的天才就在于去创造、改变、发现那崭新的艺术形式层的感知世界。记得歌德说过，艺术作品的内容人人都看得见，其含义则有心人得之，而形式却对大多数人是秘密。对艺术的革新，或杰出的艺术作品的出现，便不一定是在具体内容上的突破或革新，而完全可以是形式感知层的变化。这是真正审美的突破，同时也是艺术创造。因为这种创造和突破尽管看来是纯形式（质料和结构）的，但其中却仍然可以渗透社会性，而使之非常丰富充实。阿海姆的理论强调的也是这一点，即指出用感知形式所表达的内容与心理情感产生同构而具有力量。在日常生活中，合十表示诚灵、躬腰代表礼敬、头颅上抬或下垂表现高傲或谦卑，不同语言和不同文化，都可领会，艺术正在把这种"人同此心，心同此理"的结构形式发掘、创造、组织起来，使感知形式具有"意义"。可见艺术作品的感知形式层的存在、发展和变迁，正好是人的自然生理性能与社会历史性能直接在五官感知中的交融会合，它构成培育人性、塑造心灵的艺术本体世界的一个方面，尽管似乎还只是最外在的方面或层次。

照相之所以永远不能替代再现性绘画，原因之一便是人手画的线条、色彩、构图不等同于自然物，其中有人的技巧、力量、线条、笔触等纯形式因素，能给人以远非自然形式所能给予的东西。齐白石、马蒂斯的色彩便不是古典的

● 中国花瓶中的菊花 ［法］马蒂斯

"随类赋彩"，并也不是自然界的色彩，而是解放了的色彩的自由形式，是人的自由形式。它不只有装饰风，而且有深刻的意味。即是说，它直接显示人，显示人的力量，从而使构图、线条、色彩、虚实、比例……本身具有艺术力量和审美意义。

因之，艺术作品的形式层，在原始积淀的基础上，向两个方向伸延，一个方面是通过创作者和欣赏者的身心自然向整个大自然（宇宙）的节律的接近、吻合和同构，即前讲中讲到的所谓"人的自然化"，这不但表现为如中国的气功、养生术、太极拳之类，同时也呈现在艺术作品的形式层里，前面讲到的"气"以及所谓"骨""骨力"等，都属此范围。它们并不是自然生理的生物性的呈现，而仍然是经过长期修养锻炼（从孟子的所谓"养气"到后世的所谓"骨气"）的成果。[1]艺术作品的形式层这个方面极力追求与宇宙节律的一致和同构，中国美学所强调的文即"道"，以及"技进乎道""鬼斧神工""虽由人作，宛自天开"等，都是说的这一方面。这一方面完全不是自然生理的动物性的表现或宣泄，而恰恰是需要通过长期的高度的人为努力才可能达到。虽自然，实人力，人通过自己的刻苦努力，才可能去"参天地赞化育"。中国诗文书画大量材料都在说明这一特点。

---

[1] 参阅李泽厚、刘纲纪《中国美学史》第2卷。

形式层另一方面的延伸则是它的时代性社会性。这种时代性社会性已不同于原始积淀，而是与原始积淀有或多或少的联系的时代、社会所造成的形式变异。这种变异当然与社会心理有关，如上讲谈"悦耳悦目"时所已指出。

例如，在"美"讲中所提到的沃林格所揭示的现代艺术的抽象形式，与当代社会生活及社会心理便密切攸关。韦勒克（R. Wellek）曾谈论各种文体与社会心理的关联。[1]沃尔夫林（H. Wolfflin）从形式方面揭示了文艺复兴时代和巴洛克时代的造型艺术的不同风格特征，一种是稳定的、明晰的、造型的、理智的……一种是运动的、模糊的、如画的、感受的……前者处于心灵欢乐的时代，后者处于心灵隔绝的时代。[2]不同时代之所以有不同风格不同感知的形式的艺术，是由于不同时代的心理要求，这种心理要求又是跟那个时代的社会政治生活联系在一起的。在我国古代的文艺现象中，五言为何变七言，七言之后为何又有长短句（词）？诗境、词境、曲境的不同究竟在何处？为什么绘画中以青绿山水为主演化为以水墨为主？为什么工笔之外，还要有泼墨？这种种看来似乎只是外感知形式的变化，实际有其内在的心理——社会的深刻原因值得深究。例如诗词都比较强调含蓄，曲却

---

[1] 参阅 R. Wellek, *Literary Theories*.

[2] 参阅 H. Wolfflin, *The Principles of History of Art*.

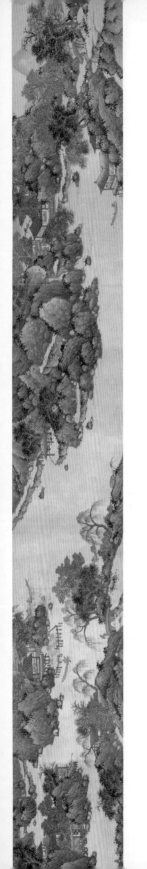

要求酣畅痛快。宋词之所以让位于元曲，是因为在元朝统治下知识分子的地位太低下，加上温柔敦厚的儒家教义的控制削弱，于是他们的满腹牢骚、满腔悲愤便能无顾忌地痛快发泄，使曲境变而为畅达。总之，社会性通过艺术形式层诉诸感知，构造着某一时代社会的心理本体，同时反过来说，这一时代社会的心理情感本体也就凝冻地呈现在艺术作品的形式感知层中，又不断流传下来，不断影响着、决定着人们的心理和感知。这就构成了艺术形式层的传统。

贡布里希的美术史研究清晰地验证了造型艺术的形式层对视知觉的历史性的构造，不但一定的形式感知与一定的历史社会密切联系，而且后代的艺术的形式感知也总是在前代基础上的继承和延续。不同时代、社会由于社会的、宗教的、伦理的、政治的、商业的……不同原因，而产生艺术形式感知层的不同的节奏、韵律、比例、均衡等，同时在这种变异不同中却又有某种延续性、继承性、沿袭性，从而，一部艺术风格史便正好是一部人类的或民族的感知心理的历史。

这部历史包含了原始积淀的基础方面，也包含了向自然伸延的宇宙同构的方面，还包含了社会具体生活以至于意识形态（宗教、伦理、政治、文化……）的影响方面，这三个方面又是那样错综复杂地在交织组合，形成一幅幅极为壮观的审美图景，不断地共同地建构着这个艺术主体亦即人类心理—情感本体的物态化的客观存在。它们正是人类的心理—情感的现实的伟大见证。艺术风格史的哲学美学的意义，就在这里。

3. 形象层与艺术积淀

如果说，艺术作品的形式层与人们心理的感知人化相对应，那么，艺术作品的形象层则大体与人们心理的情欲人化相联系。而它的审美成果却表现为艺术积淀。

形象层与形式层，或形象与形式，其区分是相对而含混的。大体来说，所谓形象或形象层，一般指艺术作品所呈现如人体、姿态、行为、动作、事件、物品、符号（十字架、卍等）图景等可以以语言指称的具象或具象世界。它们构成所谓再现型艺术作品的题材、主题或内容。各种所谓模拟论、反映论的美学，从亚里士多德到卢卡契，也大都以此类艺术作品，亦即艺术作品的形象层为基础或依据。

有如上节所谈，审美不等于艺术且先于艺术。那么，艺术又如何源起或起源于何处呢？本书同意艺术起源于巫术，是从巫术中分化出来的观点。艺术作品的形象层充分证明着这一点。

艺术不等于审美，审美没有实用目的，不是故意追求的结果，是从生产劳动等实践活动中自然而然得到的。艺术不然，它有很明确的实用的功利的目的。它本源起于远古先民的巫术礼仪活动，西方如此，中国亦然。**审美起于劳动，艺术起于巫术**，二者并不同源。

巫术对原始人来说，是非常重要的、独一无二的"上层建筑"，原始人类没有它就难以生存。巫术（礼仪）通过原始歌舞即图腾活动，一方面模拟各种生产活动，把生产活动中分散的东西集中起来，在操练、演习、回忆的过程中，锻炼培养原始人的生产技能；另一方面又使群体得到了协同、合作的锻炼、演习。在巫术的活动中包含着科学的成分、宗教的成分和艺术的成分，在当时起着把人群团结起来、组织起来、巩固起来并延续下去的作用，它的社会意义是多方面的。

中国最早的音乐、舞蹈、诗歌都是从巫术中产生出来的，他们都围绕着祭神。为什么很久很久之后乃至今天，某些少数民族的酋长、巫师口中念念有词地讲述他们部族的历史？这就是因为只有通过巫术礼仪、神话、史诗、传奇，才能组织群体、动员群众，并把经验保持和流传下来。所以卢卡契说艺术是人类的一种记忆，是人类的自我意识，我认为是深刻的。艺术不是为审美而出现或创造的。

但是，就在这种原始的巫术礼仪中，由于把原始积淀中分散零乱的感受，加以提炼集中，构成了巫术礼仪的感性形式的方面。如原始舞蹈把狩猎过程模仿得很简练，用现代的语言来说，也就是加以典型化，赋予它以"艺术形式"，这样就使人们的审美心理的成长变得集中和自觉了。因此虽然艺术不等于审美，但审美能力在这种活动中却得到更加集中和远为迅速的发展。巫术后来一分为三，反映认识客观事物的方面分化发展为科学，强制、动员、组织群体活动的方面分化发展为宗教、政治体制和道德规范，而其过程形态的形式方面则发展成为艺术。这个过程形态主要是对现实生活、生产的现象性的模拟活动，亦即形象。

原始巫术礼仪是很严格的。中国的《仪礼》记载有各种严格的规矩、仪式，如，死了人怎么办，用什么仪式，有什么样的繁复的规矩格式；来了客人怎么办，怎样分宾主座位，行什么礼等，规定得十分细密严格，这其实正是原始巫术礼仪的遗迹。在巫术中很忌讳把仪式弄乱，认为任何步骤一乱，就不吉利，就要产生灾难。为什么古代巫术礼仪要求那么严格呢？因为只有这样，才能锻炼人们保持一定的秩序，为社会群体生活所必需。另一方面，从内在讲，因为原始人的动物性情绪尚未"人化"，常常非常狂热、激昂、冲动、激烈，因此需要对感情的东西加以社会的理性的节制。中国古代的"礼""乐"并称，便是原始巫术的分化发展。"礼"管人们的行为，其中形式方面（如礼仪）便包含着艺术和审美。"乐"更是使感性的东西和理性的东西融合在一起，以完成对感情的塑造。《乐记》说，"夫乐，乐也"，同时又说，"乐以节乐也"。即一方面满足人的情欲快乐，另一方面又节制、控制和组织它。[1]这种最早的陶冶性情、建构人性，便是通过诗、歌、舞三位一体的原始巫术活动的"艺术形式"出现的。这形式便不只是诉诸感知的形式层，而是有着具体生活的想象内容，从而经常是诉诸情欲的形象世界，即它展现为一个有着具象内容的、由活动到静观（由诗、歌、舞到原始雕塑、洞穴壁画）的艺术世界。

不仅原始歌舞音乐是具象的（最早的音乐不能与舞蹈分开，作为巫术的舞蹈有其实用功能的具象内容和意义），而且原始雕塑和绘画也是具象的。

一个很有意思的现象是，在巫术礼仪中、原始诗歌中、舞蹈中，以及在音乐中，都有一种形式重复的特征。孔子听音乐，"必使反之，而后和之"。《诗经》里的诗许多都是三复其言，一唱三叹。小孩听故事，你讲完了，他却要求再讲一遍。大人听了一遍，再听就觉得没意思了，但小孩却老要求再讲，小孩愿听几遍好听的故事，而不愿听一遍乏味的故事。为什么？因为在听的过程中调动了他的各种心理功能，这里有高兴、有悲伤、有希望、有害怕……它们谐和地

---

① 参阅《华夏美学》第1章。

天使报喜 ［意］达·芬奇

配置组合起来，他觉得很满足、很愉快，所以就老叫你"再讲一遍"。童话之于今日儿童，正如神话、音乐中的重复之于古代人类。为什么神话里有那么多的重复？为什么音乐里也如此？都是因为通过反复，才能更好地塑造人的心灵、陶冶情欲，以构成和建立新感性。而这种塑造和建立，固然仍然是在建立心理形式（物态化为艺术的格律、程式等），但它又跨越了感知形式的层面，日益进入与内在情感欲求相关的心理领域了。

于是，比艺术作品形式层更进一层的自然生理性能与社会历史性能的交融会合，就构成艺术作品的形象情欲层。它在文学和许多再现性艺术中，主要呈现为艺术作品的众多种类和形态的形象世界，因此，对艺术形象层的分析便不能停留在故事情节和人物性格的表现论述上，而要注意到在表面形象（人物、事件、情节、图景、典型、意境等）下的意识和无意识的深层结构。正是在这些深层结构里，积淀着、成长着人的内在心灵，这心灵的很重要的部分即是人化了的情欲。正是它，成为人的生命力量在艺术幻象世界中的呈现。这种所谓人的生命力量，就既有动物性的本能、冲动、非理性的方面，又并不能完全等同于动物性；既有社会性的观念、理想、理性的方面，又不能完全等同于理性、社会性，而正是它们二者交融渗透，表现为希望、期待、要求、动力和生命，它们以或净化、或冲突、或平宁静美、或急剧紧张的形态，呈现在艺术的幻象世界的形象层之中，打动着人们，感染着人们，启发、激励和陶冶着人们。上讲已指出，杜威曾认为艺术或美感不过是人们日常生活经验的高度完善而已，并无特殊之处。注重日常生活经验与审美经验的密切关系，指出在日常生活经验中不仅可以达到而且普遍存在审美，这是很有道理的。它符合艺术日益群众化、艺术日益渗入日常生活的现代特征；但是，也正由于我们日常生活的经验总是有限的、短暂的，甚至是残缺的，它们局限在一定时空范围内。于是人们便更希望从艺术的幻象世界中去得到想象的满足。人在艺术的幻象世界中常常由同情而愿意变成作品中的主人翁，自己变成了另一个人去经历生活，小孩变成了孙悟空，青年变成了林黛玉、于连、克利斯朵夫……艺术作品中时空的倒转、变幻，都扩大了自己对生活的参与，增强了对生命和潜能、情欲和愿望的实现，当然更加强了对人生的感受和体验。甚至这对于身体的生理健康，也有重要作用。艺术的形象情欲层使人扩展了生活，加强了生命，实现了自己。

所以，尽管已经有各种高级的文艺作品，为什么人们，包括许多有高级文化教养的"精神贵族"，仍然一直愿意看武侠小说、神怪小说、侦探小说、惊险小说？尽管可以看完就忘，却仍然不被淘汰，而且有增无减？这种商业文化效益已成为社会生活中和"艺术"作品中的不可忽视的部分。这就是因为这些惊险、武侠、神怪小说中的侠客飞檐走壁，神仙的腾云驾雾，妖怪的成精变人，是在现实生活经验中看不到、感受不到的。侦探小说中谋财害命，死里逃生，在一般日常生活中也是难以经历的（当然读侦探小说还有推理的知性愉快），所以看起来挺带劲。人们生活越呆板，越单调，见闻越少，便越愿意观看这些东西。这正如战场回来的士兵宁愿欣赏轻松的喜剧；得意的阔太太和娇小姐却喜欢看艰难困苦令人掉泪的悲剧一样，都是通过艺术幻想的形象世界，表现了人们希望从自己日常经验中突破出来，扩展生命。有些艺术作品尽管审美价值不大，甚至很难说是什么"艺术"，但由于它们能满足人们的上述需要，像有些电影、小说、曲艺（如相声）等，并没有什么重大的社会或审美的意义，但让你跟着这个幻想世界中的形象（人物的命运、故事的情节、时空的图景……）而高兴、欢乐、悲伤、紧张……它们把喜怒哀乐等日常生活经验，组织得很好，有高低起伏，有张有弛，调动你的感知、情感、理解、想象各种心理功能，引人入胜，使你感到津津有味。在这个过程中，你的心灵、情欲、兴趣甚至性格就不自觉地受到了感染、活动和培育塑造。人的精神需要正如物质需要一样，是多元的多方面的，是丰富复杂和不断变化发展的，它需要各种文化养料来满足它、喂养它、培植它。各种不同性质、不同类型、不同层次、不同等级的文艺作品，通过其各种不同的形象层，起着这个作用。

艺术作品的形象层世界既是如此一个千变万化、无奇不有、五彩缤纷、琳琅满目、具有不同层次不同等级的幻象世界，那当然不是这样一篇短短的演讲所能讲明白的。下面，便只准备提出各个不同层次不同等级不同类型不同性质的文艺作品形象层中经常共同呈现出来的幻象，也就是人们常说的所谓"永恒主题"来讨论一下。所谓永恒主题，如果按弗洛伊德晚年的生本能与死本能的观点，可以粗略地分为爱（性爱、母爱）与死（战斗、死亡）两大方面。这两者当然也是经常联系、渗透或转换着，而其共同特征却正是它们一方面具有极其强大的原始本能的非理性和动物性因素、成分和性质；另一方面又由于社会性和理性的渗入和积淀而表现为丰富复杂的人生。

的确，古往今来，中西欧亚，千万种文艺、千万个文艺作品都围绕着性爱、母爱、战争、死亡这些主题旋转。从单纯的民歌和民间故事，到高级的上层贵族的艺术作品，从绘画、雕塑、音乐、舞蹈到诗歌、文学、戏剧、电影，几乎到处可见这些主题，其中又特别是性爱主题。为什么？很清楚，只要是有血有肉的感性生命的存在，他（她）就有性的本能欲求，正如他（她）有吃饱肚皮的食的欲求一样。他就要满足这个情欲，不仅在现实的生活中，而且在艺术的幻想中。但是又由于人不仅是感性本能的生命，同时又受制于社会性的理性存在，问题便变得十分复杂了。正如对食的动物性的需要，表现在文艺上，不仅是"饥者歌其食"，而且也是"劳者歌其事"，不仅是《绿化树》里的饥饿的描写，而且是《暴风骤雨》中阶级斗争的残酷。性爱也是这样，它不

仅仅只是满足个体本能欲求的需要，而且又是繁殖种族维系
社会存在发展的手段，所以文明史上就有各种婚姻形态、制
度和禁忌、规范。表现在文艺上，例如对性器官的歌颂、膜
拜，从远古起，便具有社会种族的甚至具有神圣性的观念含
义。从仰韶彩陶，到《诗经》，直到近代，均以鱼来祝福种

族繁殖的崇拜、喜爱，也如此。从一开始的人类的艺术世界中，动物本能性的情欲便渗入交织着种族（社会集体）的观念符号内容，个体行为（如性行为）同时有其群体的价值、作用和意义。艺术作品本是为群体的需要而创作而存在的，但它必须通过与个体情欲有关的方面交织积淀在一起而呈现出来，因为只有这样，才能真正影响个体的身心，才能组织个体于群体中。以后，随着社会性、理性、观念意识的巨大渗透，性爱甚至能升华为一种纯精神的爱恋。好些伟大的文艺作品即使很少有性的直接描写，却仍然是爱情文学的顶峰，如许多抒情诗篇，如《安娜·卡列尼娜》，如贾宝玉与林黛玉、罗密欧与朱丽叶等。但不管如何"干净"，其实在的基础又仍然是异性相吸。离开了动物性原始本能，也就没有爱。正如离开了食的本能欲求，也就不会有阶级冲突、革命战争一样，尽管后者已经是完全升华了的形式，似乎与前者无关了。

刘再复有一篇文章，对司汤达的《红与黑》中的性爱作了如下分析：

> 在于连对瑞那夫人的征服中，既有真实的爱，这种爱在他的潜意识层中滚荡着，也有虚伪的爱，这就是他只不过通过对瑞那夫人的占有来达到虚荣的满足和对社会的报复。而瑞那夫人的人性深处也是充满爱的欢乐和爱的痛

● 读书的女人 ［法］莫奈

苦的搏斗，她要爱，但又对这种爱的代价感到恐惧，她心
中有一种力量要推开爱，而另一种力量又逼使她紧紧拖回
这种爱，当于连第一次占有了瑞那夫人的那个夜晚，于连
走向瑞那夫人的房间时是比走向死亡还要痛苦的，而瑞那
夫人呢？她看见于连像鬼魂似的出现的那一忽儿，心中起
了死的恐怖，但是这种忧惧，不久为最残酷的痛苦所蒙蔽
了。于连的哭泣与绝望，都使她心碎。甚至于，当她什么
要求也不再拒绝的时候，她真实的愤怒，使她用强力将于
连推开得很远，但是顷刻间，她又自动地投入了他的怀抱
里了。在他们一切的行为里，自然得很，丝毫没有固定的

计划。她觉得自己该受到诅咒，罪无可赦，她努力逃避地狱里可怕的光景，为了这个，她对于连表示出最温柔最热烈的爱抚。当于连回到自己的房间后，瑞那夫人的内心的拼搏仍未停止；"她心里的欢乐，还没有减退，虽然她在痛苦，虽然她心中的矛盾和懊悔已经把她的心撕得粉碎。"在这些描写中，我们看到瑞那夫人把本来隐藏得很深的情感世界是这样惊心动魄地展现在我们的面前，这里有爱的欲求与对爱的恐怖的对抗，有爱的幸福感与爱的罪恶交织，有极度欢乐与极度痛苦的碰击，有天堂与地狱的双重呼唤。在这个高贵的女人的人性的世界中，道德的力量是这么强大，这种力可以"将于连推得很远"，但打破道德锁链的力量也这么强大，顷刻间又把她拉向爱的深渊，"她又自动地投入了他的怀抱了"。这天夜晚之后，她的搏斗又一波高向一波，"撕裂她的灵魂的冲突挣扎，变得格外可怕了"。而于连呢？他的整个内心搏斗过程我们无法重述，不过司汤达也这样告诉我们："于连的心里，一向是为怀疑和骄傲两种观念痛苦着，他正需要一种自我牺牲的爱情，可是在这样伟大的、无疑的、每时每刻都会有新的牺牲的面前，却使他的这两种观念不能撑持下去了，他敬爱德·瑞那夫人，'她枉自尊贵！我是工人的儿子？但是，她爱我……我在她的身旁，不是一个兼任情人的仆人'，一旦这恐惧离开他的心里之后，他便坠入疯狂的恋爱里和爱情的剧烈的震撼里。"在于连的人性深处，一方面并没有真正的爱，因为在他对瑞那夫人的情欲中带着功利的打算，带着一个贫穷工人儿子对贵族等级的报复，带着不可告人的目的；另一方面，他又有爱，甚至有敬爱，他觉得自己真实地热烈地爱着，是个真实的情人，不是兼任情人的仆人，此时，他的功利打算又离开了他，在他们的热恋中只剩下纯粹的疯狂的爱了。人的内心世界就是这样充满着矛盾，充满着各种可能性，但正是这样，在文学艺术中，人性才表现出它美的魅力……

爱，既有生物性，又有社会性；既不合理性，又合理性；既有自我扩张，又有自我克服；既有自我满足，又有自我战胜。在爱里，常常展开着灵与肉、善与恶、理性与疯狂、理想与现实、失望与希望、利己与利他、欢乐与痛苦、仁慈与残忍的搏斗。人处于爱的面前，有时是主人，能够支配自己的情感和命运，有时则是奴隶，表现出理智和意志的力量，完全被情感所摆布，只能在爱面前呻吟与歌泣，因此，在爱面前，人有时显得崇高，有时显得卑下，有时变得很美，有时变得很丑。因为爱情带有无限的可能性，总是波澜起伏，极不确立，找不到爱的"恒定状态"，因此，文学才有审美创造的广阔空间。①

---

① 《文艺理论研究》，上海，1985 年，第 2 期。

司汤达的描写是真实可信的，在这里，爱有动物的情欲面，又有社会的观念面，有这两个方面的斗争、冲突、痛苦，表现为所谓"道德"与情欲的对立，又有这两方面的统一和欢乐；而且，就有情欲面这一层也有社会观念（如于连对德·瑞那夫人的占有欲和报复的观念）……这样，就把一个在生物界本来是相当简单的性交配行为，赋予了非常复杂社会性的特定内容，动物性的原始本能在人的身上可以达到这么丰富、复杂、细致、深刻的高度。这就正是人性展现和培育，人生的实现和追寻。我仍然坚持，人性既不是绝对的感性（动物性），也不是绝对的理性（神性），而是感性与理性、自然性与社会性的统一。所以我一直反对两种倾向，一方面反对纵欲主义，把人性归结为动物性，把描写性行为当作人性的发现或解放（不排斥在特定历史条件这种描写可以起人性解放作用）；另一方面反对禁欲主义，把人性归结为神性，像"文化大革命""样板戏"中的女英雄不是"贞洁"的寡妇便是永不动心的铁姑娘。与前述的永恒主题恰好相反，这样的文艺作品违背人性，不利于心灵的陶冶和塑造。历史告诉我们，与极端禁欲主义并行的，必然是极端的纵欲主义。与宋明理学的道学家并行的，是《肉蒲团》之类的性文学的发达，与基督教苦行僧同在的是《十日谈》里的神父。中外古今，如出一辙。

关于母爱的永恒主题也如此，这里就不讲了。关于生死主题，也不多讲了。简单说来，生本能除了性本能外，还有自我保存的本能，等等。为什么老人喜欢小孩？为什么安娜失去沃伦斯基，林黛玉失去贾宝玉，就必然会死，人们很同情而且还赞赏；但学少年维特的自杀的人却比情杀案要少得多？为什么男人一般爱看武打电影，女人一般喜欢言情小说，男孩喜欢玩刀弄枪、做战争游戏，女孩却喜欢洋娃娃、"过家家"，女性的失去感和"我能生"，男人的占有欲和卫群任务……所有这些似乎是"上帝"给动物族类本能的深刻安排，却又是人类社会生存发展的必然"使命"。这里面就有深刻的哲学和美学问题。

总之，人生活在一个语言的世界里，生活在一个物质生产和人际交流的世界里，生活在一个思想意识的世界里，所有这些世界都是公共的、群体的、社会的，那么个体究竟在哪里？真正的自我究竟是什么？人怎么能够一直作为工具或在工具支配之下（不管是物质工具还是符号〔语言〕工具）而生存而生活呢？

于是回到了动物性，回到了那真实的情欲和生命，因为只有这些才是一次性的"我"的存在的实体所在。

但动物性的生存实体只是动物，而不是人，也不是诗。那么人和诗如何存在呢？

于是又回到上面讲的那个统一。动物性与社会性的统一，即自然的人化，建立新感性等。关键在于这统一、这人化、这感性只有在和只能在个体生存中来实现或呈现，它才不等同于不回归于公共的普遍的逻辑世界、语言世界、工具世界，它才不失去"我"。而这，便只有艺术世界才可能担任，只有艺术才能陶冶情性、塑造心灵，普遍性的逻辑语言不能替代动物性的实体血肉，不能替代生命、情欲，那生本能与死本能，那性爱和母爱。

从艺术作品的形式层可以测量、探究感官人化的尺度，从艺术作品的形象层也可以探测情欲人化的尺度。

男孩由以前弄棒使刀到今天玩手枪弄火箭，其生物性的本能情欲随时代社会的变化发展，采取了不同的形态样式，并且变得愈来愈细致和精巧了。死也是这样。动物就害怕死，牛羊面临宰割时也要哀号，这是一种为求保存个体的生物性的恐惧，人作为感性生命，当然也有这种恐惧，得知身患绝症必会产生这种恐惧，"死生亦大矣，岂不痛哉""自古艰难惟一死，伤心岂独息夫人"。但又有临危不惧的好汉，枪林弹雨中的英雄，置生死于度外的志士仁人，"存吾顺事，殁吾宁也"的道学先生，社会性可以战胜、克服、压倒生物性。而人性便正是在这两方面剧烈冲突对立又相互取得和谐中，得到丰富和发展。艺术的幻象世界里呈现出的这种冲突或统一，这就正是对人性的培育和熏陶。例如现代存在主义通过把个体感性存在的一次性特征的突出，亦即对死亡的突出，使人的生的精神反而变得更加深沉、执着和强烈。同样，现代的心理现实主义和心理时空的突出，也显示了个体作为主体的重要地位。本来，人只能活一次，所以每个人都是重要的。千万个个体都应该取得自己的主体地位，不再是英雄主宰世界、帝王统治群氓、人只是盲目的工具和机器。每个人都应该把握自己每时每刻的此在，去主动地选择、决定、行动和创造。并且，人要活着，就得奋斗，海明威（E. Hemingway）的《老人与海》之所以扣人心弦，也正表现了生的力量，即使是孤独的生、寂寞的死。所以不必要害怕死亡、悲剧、结尾……许多东西毁灭了，人物、事件消失了，没有时间了，但实际却在人们心里活着、延续着，占

● 水彩画 ［英］透纳

据了人的心理时间。尼采论悲剧时曾认为，宇宙的可怕的毁灭性进程导致悲剧，但悲剧快感正在于生命之不可摧毁。悲剧实际是最深刻最强大的生的颂歌。从原始时代起，对死亡、葬礼的活动和悲歌便是将动物性的死亡恐惧予以人化，它用一定的节奏、韵律、活动等形态，将这种本能情绪转化为、塑造为人的深沉的悲哀情感，实际丰富了生命，提高了生命。对性爱、亲子爱（母爱）等，也如此。动物性的本能情欲、冲动、力量转化为、塑造为人的强大的生命力量。这生命力量并非理性的抽象、逻辑的语言，而正是出现在、展开在个体血肉之躯及其活动之中的心理情感本体。也正因为如此，艺术和审美才不属于认识论和伦理学，它不是理知所能替代、理解和说明，它有其非观念所能限定界说、非道德所能规范约束的自由天地。这个自由天地恰好导源于生命深处，是与人的生命力量紧相联系着的。

这就是对艺术作品的形象层应作具体历史的深入探求的问题。

因之，艺术形象层所呈现所陶冶的，是更为内在一层的人性结构。它既是情欲（动物性、原始本能）与观念（社会性、理性意识）的交错渗透，如前讲所说，美学便应该从已经物态化了的艺术世界中去探索其复杂的性质、功能和形态。动物性的原始本能千万年来都一样，但艺术作品却如此纷繁复杂千变万化，莎士比亚再好，今天和明日都需要新的作品。这就说明动物性和社会性这两者之中，谁是更重要的方面。马克思说，同是饥饿，但用刀叉和用手来解决的饥饿，却是不同的饥饿。其实，性爱的问题也是这样。这才是历史具体的人性。

　　所谓动物性的本能、情欲，当然涉及无意识问题，在艺术作品的形象层中，它经常呈现为无意识（普遍）与有意识（特殊）之间的极为错综复杂的关系，无论是创作或欣赏，都如此。例如，形象的变形、重叠、浓缩等，便有如（当然并不相同）做梦，梦中的人，像是这个人，又像是那个人，重叠在一起，有时多种多样的形象又变成了一个东西，或一个东西同时又成为另外一些东西，它们往往不符合现实生活的逻辑和日常理智的考虑，不遵守形式逻辑的思维同一律（A是A）。这种创作中违反日常逻辑的非自觉性便是我讲"形象思维"时说的"以情感为中介，本质化与个性化的同时进行"。既然承认情感常常推动想象，情感中就有无意识的欲念因素，例如某种不可言说的冲动，这也就包含在"个性化"之中。[①]所以，艺术作品的形象层的幻想世界经常具有多样性、朦胧性、宽泛性、非确定性、不可解说性，是这个又是那个，是A又不是A，等等，它"大"于一般的逻辑思维，包含着无意识和非自觉性。这种创作和欣赏状态，如同

---

　　① 参阅《美学论集》关于形象思维诸论文。

感知形式层一样，常常不可传授。只有经过自己亲身活动去积累，才能够真正感受到、体会到它的存在。

形象层的情欲与观念的交织可以有许多不同性质、形态和种类。即使艺术中观念性极突出的象征符号（如十字架、曼陀罗、松梅竹菊"四君子"以及《格尔尼卡》中的受难的马、残暴的牛等），其中既有触及有意识层的理性反应（如上述的"四君子"），也仍有触及无意识底层（如曼陀罗）的原始反应的不同形态和种类。后者所包含的情欲面与前者大不相同，而更为重要。但正如讲"悦心悦意"所已提到，审美和艺术又绝不止于满足动物性的本能、情欲，在这基础上还可以有许多与本能、情欲距离很远甚至完全无关的心意快乐，正如人们欣赏自然风景不一定要与性欲相联系在一起，创作和欣赏许多艺术作品的形象世界，也不一定与性爱、生死、母爱等本能情欲密切相关。这也正是丰富了的人性的表现。在自然性生理生存基础上，人类创造了远为多样、远为复杂、远为"高级"的需要、享受和满足，尽管它们最终仍然建筑在生物性的生存和生命的基础上，但又超越了原始的本能情欲或冲动。①

例如，艺术形象层中有所谓"典型"。它如同科学的"构架"一样，是对现实生活的某种概括性的表现。艺术典

---

① 《批判哲学的批判》第 4 章。

型的审美特性，无论是复杂型的典型（如阿Q、哈姆雷特、堂·吉诃德）或是单纯性的典型（如阿巴公、李逵），它们给人以"悦心悦意"的情感感染，却不一定都能完全归结为本能情欲，其中包含着认识生活的理性因素，有时还相当突出，不过始终不是知性认识罢了。

前面讲艺术作品的形式层是联系感知的原始积淀来谈。艺术形象层的变异过程，由于情欲与观念的交错，而展现为一种"由再现到表现，由表现到装饰，再由装饰又回到再现与表现"的行程流变。这即是我所谓的"艺术积淀"。

所谓再现到表现，就

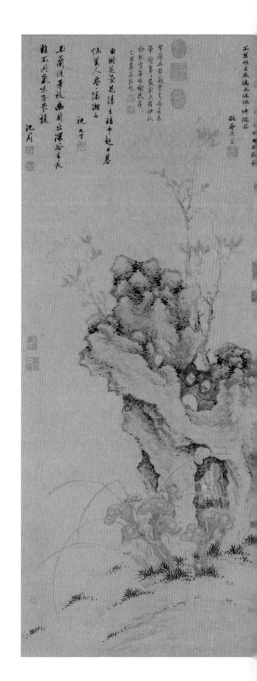

芝兰玉树图 ［明］沈周

是具体的形象变而为抽象的形式，如我在《美的历程》第一章中所讲到的那些。

　　写实的动物形象逐渐抽象化、符号化而变为几何纹样，这也就是，由再现（模拟）到表现（抽象化），它经历了一个不断地由内容到形式的积淀过程。虽然巫术礼仪的图腾形象逐渐简化而为纯形式的几何图样，但它的原始图腾的含义不但没有消失，反而由于几何纹饰经常比动物形象更多地布满器身，使这种含义更加强了。所以，到抽象阶段，艺术的内容并不是减少了，而是增多了，这种纯形式的几何图案所表现的那种巫术内容不是某个具体形象所能代表或能表现得了的。现代艺术也有这种情况。现代派艺术看起来抽象，但它所要表现的内容却是一些具体的形象所不能表达的、更广阔更强力的东西。为什么毕加索要用支离破碎的牛头、马身、妇女、儿童等变形东西，来表现西班牙内战中法西斯带来的痛苦与死亡，而不直接画某个具体场景、形象呢？这就是可能他认为用任何一种再现场景无法表达那深重的罪恶和艺术家的愤怒。而且具象因素有内容认知的局限性，不能表达更深层的东西。原始时期的艺术由再现（如洞穴壁画）到表现（如抽象纹饰），常常加深了神秘色彩和恐怖可怕。现代艺术也如此。正如保罗·克利（Paul Klee）所说，世界愈可怕，形式愈抽象。"美"一讲中曾提到沃林格说抽象是生命否定和现实隔绝的表现。可见，由具体再现到抽象表现，

南部〔突尼斯〕花园 〔瑞士〕保罗·克利

它所表达内容不是简单了，减少了，而是复杂了，增多了。在抽象、简化中所表达的感情内容、想象内容、理解内容是更加复杂和深刻了。

具象艺术的形象是理知的，内容却是感性的。我们看《伊凡杀子》《白蛇传》，只要先了解了它们是什么故事，画的人物姓甚名谁，是干什么的，他们的形体动作有什么意义，你先费一点知性功夫了解它，把画中情节认识清楚，便能欣赏。因此，它的形象、图景是理知的，但它的内容却是感性的，与日常生活距离近，很容易理解、感受和体验。有的外国人看不懂《白蛇传》，中国人看不懂《伊凡杀子》，不是因为画的内容难以理解，而是因为他们不懂得画面的故事情节，当他们掌握了故事情节，了解了形象的理知意义，内容也就一目了然，容易感受画中所表达的情感的、想象的、认识的、意向的内容。

现代艺术恰恰相反，形式是感性的，内容却是理性的。现代艺术以看不出具体意义的丑陋的、扭曲的、骚乱的形象情景和场面来强烈刺激人们，引起复杂的心理感受，当它直接诉诸人的感官时，从形式看就是这么些东西，似乎很好了解。但它所表达的内容却是理知的或超理知的，是非常复杂、难以理解的。所以有人说，自文艺复兴到印象派是感性的艺术，是创造幻象世界的艺术。现代艺术是理性的艺术，是否定和挣脱一切幻象的艺术，现代艺术要求画看不见东西，看得见的东西还画它干什么？于是，要求超越和否定各种有限，去展示那看不见摸不着（即超越感知）的超越的"本质""真实""实体"，以证实这个荒诞、离奇、孤独、骚乱的世界。印象派主要是光、色彩等感性印象形象，塞尚（Cézanne）等人认为这不是事物的"本质""实体"，"本质"等当然是更深一层的东西，这样就有了立体主义、抽象派等挣脱现实现象世界的现代艺术主流。现代艺术由古典规则的完整性（如形象）走向模糊、多义（包括有意无意之间）、非完整（如无形象只有气氛、情绪），由诉诸感情的感染走向诉诸非概念的理知领会，由美走向丑。在高度异

● 河岸 ［法］塞尚

化了的丑的世界中，你画得太美，使人感到太甜，也就太假了。现代派艺术作品中，丑就是美，其中包含大量的苦、辣，似乎很不舒服，但细细地品尝后又感到很满足，成了充满创伤的现代心灵的同构对应物。抽象艺术的反抗性，传达了人要求从各种具体图景的有限世界和情感的包围、限制和压迫下脱身出来的强烈意愿和欲求，它展现出一条主体欲求的解放之虹，这就是现代艺术的由再现到表现。

从积淀和建立新感性的角度看，任何由再现到表现的艺

● 红色屋顶的埃斯塔克 ［法］塞尚

术过程中，人的感性、人对美的感受不是变得贫乏空洞，而是愈益丰富。对同一线条的感觉，在这以前和在这以后大不相同，就如你懂了书法再来画或再来欣赏国画一样。人（人类和个体）通过这个变化而获得心灵的成长。

艺术从再现到表现是个变化，而从表现到装饰又是一个变化，前面讲过，再现艺术以具体形象反映现实，我们很容易了解它的内容。表现艺术给你以抽象，使你难以了解它的内容，只感觉到里面有意思、有意味，我借用贝尔的话称它为"有意味的形式"。也就是说，它有某种意义在里边，但又不能那么清楚地讲出来。这种对艺术形象的感受，如"美感"讲中所反复交代，包含了人的多种心理功能的活动，是一种真正的审美活动。徐复观解释中国诗文中"文有尽而意有余"的一段话，可以引用到这里：

> 意有余之"意"，绝不是"意义"之意，而是"意味"之意。"意义"之意，是以某种明确的意识为其内容；而意味之意，则并不包含某种明确意识，而只是流动着的一片感情的朦胧缥缈的情调……一切艺术文学的最高境界，乃是在有限的具体事物之中，敞开一种若有若无、可意会而不可言传的主客合一的无限境界。[1]

---

[1] 《中国文学论集》，台北，学生书局，1980，第114—115页。

这里是指在具象艺术即艺术的形象层中（所谓"在有限的具体事物之中"）所传达出来的"意味"，而我所谓的"有意味的形式"则包含更为广阔，更多的是指非"有限的具体事物之中"，即纯抽象感知形式所传达所表现出来的"意味"。此"意味"即在此形式，故曰"有意味的形式"。

　　但由此可见，此"有意味的形式"原可以从那具象的"有限的具体事物之中"演变而来。亦即是说，由再现艺术的具体形象中之"意味"演化而为"有意味的形式"。原始艺术由写实到抽象，近现代艺术由写实到抽象，都在一定程度和范围内，展现了这一行程。

　　但是这种所谓"有意味的形式"，天长日久，看得多了，普遍化了，就逐渐变而为一般的形式美、装饰美。从艺术史来看，新石器时代抽象的几何纹是有着原始巫术礼仪的重要的含义的，是一种"有意味的形式"。但是随着时代的迁移，历史条件的变化，这种原来的"有意味的形式"就会因其不断重复和大量仿制而日益沦为失去这种"有意味"，日益成为规范化了的一般形式美。于是，这些抽象的几何纹就变成了各种装饰美的样板和标本。对它的特定的审美情感也就逐渐变为一般的形式感了。后来各时代的艺术发展也是这样。开始，表现的、抽象的艺术品是一种"有意味的形式"。随着时代的变化，原来的内容渐渐模糊了，变成了一种装饰品，而人们对它的感觉很习惯了，也就忘了这里面有浓厚的意味，只能朦胧地感到它的某种情调。我觉得现代抽象艺术也正处在这个过程中，一些原来颇有深刻含义的"有意味的形式"的绘画雕刻，日益变成了现代建筑的漂亮的装饰品，人们已经不管它有什么重要含义，好像就是为了好看，为了装饰。人们对它的感受已经变成了一般的形式感了。今天无深度、无意味、无主流、无中心的商业艺术和所谓"后现代"文化，便正是这种现象和这个过程的具体呈现。F. Jameson教授提出的"后现代艺术"（Post Modern Art），我觉得主要也是这样。实际上，在所谓"后现代艺术"的纷纭现象中，有两种实质不同的东西，一种我称之为"极度现代化"（Extremely Modern），就是刚才提到的那种无意义、无深度、无中心的商业化了的现代艺术、波普艺术、过程艺术等，它们表面上似乎是反现代，实际却正是现代的极度抒展和直接延伸，是将现代艺术装饰化、大众化、商业化、日常化。另一种是真正的后现代，即指向一个新的艺术阶段，它的特征之一是具有某种"复归"田园、自然、情感、稠密人际关系以及中世纪风味等。这两者中，前者（极度现代化）在当前是主要潮流，后者仅有某些不确定的萌芽而已。当代艺术主要仍处在全面走向装饰的商业的行程中，所以人们提出了艺术消亡的问题。

古典艺术形象层的"意味"是比较和谐、严整的，它以优美的形态为主，使人感到比较愉快，比较舒服。当然，崇高和悲剧包含着丑，但基本还不脱古典和谐的大范围。

现代艺术则是对古典艺术形式的彻底否定，它以故意组织起来的无形象、没秩序为形式。但从欣赏和谐、优美的东西到欣赏某种故意组织起来的不和谐、不协调、拙、丑的东西，如本书已再三指出，恰恰是人的心灵的一种进步。相反，如果在现代房间里挂古典画，摆太师椅，则会感到不舒服，而挂抽象画，摆简单的家具，看着就比较舒服。现代高级家具讲究本色，不用油漆，很好看。最初的家具，大概就是不用油漆的，后来，为实用也为美观，加了漆，现在又不用漆了。表面看来，好像现代艺术和审美是倒退，其实不然，这是中国艺术中常说到的由巧到拙，由熟而生，它标志艺术的成熟、心态的成熟、情欲的成熟。所以，艺术由再现到表现，由表现到装饰，从具体意义的艺术形象中的意味，到有意味的形式，从有意味的形式到一般的装饰美，这就是"艺术积淀"过程，同样是人类审美心理结构特别是情欲的不断丰富和复杂成熟的过程。经过漫长的历史，艺术日益从外在题材的束缚中解放出来，成为一种所谓净化了的"自由的形式"。与此相对应，从情欲宣泄来说，人的审美感受也就变而为一种"自由的感受"，没有非常确定认识或意向内容的情感倾泻和感受。

艺术与审美正是在这样一种"二律背反"的运动中发展

● 亚洲艺人 ［瑞士］保罗·克利

着。刚才讲了，审美不等于艺术，艺术也不等于审美。当艺术变为一种纯审美或纯粹的形式美的装饰时期，艺术常常本身就会走向衰亡。这时，艺术要求摆脱这种状况，要求注入新鲜的、具体的、明确的内容，而又走向再现或表现。从文艺史可以看到，当形式主义盛行之后，就有人起来造反，要求有具体内容的东西，并要求打破旧的形式美，代以具体内容和新的形式。对形式美的感知追求因有自然生理和社会时代的某些必然制约，所以由表现到装饰常可有规则可循，但对它的造反．却充满了更多的偶然性和突发性。对装饰风、形式美的造反，可以通过追求再现具象的方式，也可以通过强烈抽象表现的方式。它们没有一定之规，但通过追求再现具象似乎更是主要途径。

这样的事例似乎不少。从洞穴壁画到陶器花纹再到埃及—希腊艺术，到中世纪，再到文艺复兴，到巴洛克和洛可可，再到浪漫派、写实派又到印象派、现代派，这个历史行程中似乎充满着这种流变和运动。抽象表现主义日益成为商业文化的装饰美和形式美时，并行不悖地起了极端写实的照相现实主义，如此等等。在中国，韩愈以"文从字顺"、平易写实的散文来反对已成为所谓"饰其辞，而遗其意"的装饰风、形式美的骈体，徐渭以写意花鸟来突破院体的精美形式和工笔装饰，如此等等。可见，一方面艺术走向纯粹形式、纯粹审美，艺术日益等于审美，审美日益变成装饰。另一方面艺术又要突破纯粹形式、否定纯粹审美，反对装饰，要求具有非审美的、社会的（宗教的、伦理的、政治的，等等）具体内容。这种矛盾运动有各种复杂的实现形态，又直接间接地和社会的变化、斗争，以及不同时代、阶级、集团的心理变化有关，这些关系都是非常复杂的。康德的"纯粹美"与"依存美"的矛盾真实根源就在这里。

当艺术作品的主流完全变成纯形式美、装饰美而长期如此的时候，为什么人们就会不满足呢？这就是因为纯形式的美毕竟太宽泛、太朦胧了。人毕竟是生物存在的人，同时也是社会现实的人，他要求了解、观赏与自己有关的时代、生活、生命和人生；人们好些具体的情欲、意向要求具体的对象化，要求有客观的对应物。如果光是装饰美、形式美、纯粹美，不管如何好，也不可能满足。所以我强调艺术虽不能离开审美，但又并不等于审美；各种抽象艺术也不能完全替代再现艺术。我们不仅要听音乐，欣赏书法和建筑，而且还要读小说、看电影。人们需要从小说、电影里观赏、领略、感受生活和人生，这是光欣赏书法所不能替代的。曾经有人认为，现代生活如此之紧张繁忙，人们一定没有时间去看长篇小说。其实不然，在美国、日本，好些人在车上读长篇小说。人们还是希望从小说里感受到人生，这是吟风月、弄花草、看书法、听音乐甚至连看电影也代替不了的。看小说有更多的想象和抒情的自由，从而更能满足个体那许多具体的情欲、观念、意向和理想。可见，艺术潮流和众多作品从再现到表现，从表现到形式美、装饰美，又由这些回到具有较具体、明确内容的再现艺术或表现艺术。此消彼长，此起彼伏，推移冲突，好不热闹。它们实际亦即是艺术积淀（内容积淀为形式，形成具体的形式，即由再现和表现到装饰）和突破积淀（由装饰风、形式美再回到再现或表现）的运动过程，亦即人的情欲、生命由形式化又突破形式化的永恒矛盾的过程。这也就是艺术与审美的"二律背反"的现实的和历史的过程。如同装饰风、形式美似乎是圆圈式的循环却实际在不断充实和增进人的耳目感知一样，这里似乎是循环的艺术形象也同样不断增进人的心意，它们一同构造人的心理情感本体。其中像如何能将喜爱侵略、毁坏、杀戮（即所谓"死本能"）等人的动物本性融入这个本体，仍是哲学、美学尚待解决的一大课题。这似乎应转入意味层的讨论了。

4. 意味层与生活积淀

上节已讲到形象层中的"意味""有意味的形式"等，所谓艺术作品的意味层，即包括它们，亦即它是指艺术作品的形象层、感知层的"意味"和"有意味的形式"中的"意味"。这"意味"不脱离"感知""形象"或"形式"，但又超越了它们。其超越处在于它既不只是感知的人化，也不只是情欲的人化，不只是情欲在艺术幻象中的实现和满足。而是第一，它所人化的是整个心理状态；从而第二，它有一种长久的持续的可品味性。为什么有些作品可以轰动一时，争相传阅，而时日一过，便被人遗忘？为什么有些作品初次接触时使人兴奋激动和满足，再读却已索然无味，有些作品则长久保持其生命力量？为什么大量的商业电影（娱乐片）装饰艺术看过便忘，而卓别林却长留记忆？唐诗、宋词，可以百读不厌，《红楼梦》《安娜·卡列尼娜》还想再看一回，听《命运》《悲怆》亦然。这些文艺作品似乎让人捉摸不透，玩味无穷。在这无穷的玩味中，便作用于、影响于你整个心灵。情欲是一时的，满足了便完事，动物食饱弃余，某些诉诸感知和情欲的"艺术"品便有类似处，但艺术作品的意味层却不是这样。成功的作品之有持久性，从审美讲，就在这意味层。意味层似乎构成艺术批评的重要原则，但是原则如何实现和具体化，便是艺术哲学、文艺理论所应研究的科学课题。中国司空图《诗品》是对意味层的鉴别、分类和描绘。而从哲学美学看，意味层的持续性、永恒性与前面讲的情欲层的永恒性之不同，就在情欲层涉及的是主题内容的永恒，包含有感性血肉的动物生命的族类永恒在内，而这里所涉及的却已超越了这种族类生理性的存在，而作为纯粹人类性的心理情感本体的建立。正是在这一层里，体现着人性建构的实现程度。

当然意味层也有好些不同的等级、种类和秩序。正如前面已强调感知层、情欲层中亦有意味，意味层不能彻底脱离感知与情欲、形式与形象，悦耳悦目、悦心悦意、悦志悦神的艺术作品中，都可以有意味层的存在。它正是审美的特质所在。

这种特质不同于理知认识，不同于意志凝聚。一个艺术作品，留给你和使你回味的究竟是什么味道？是甜？酸？咸？苦？辣？是甜、酸、苦、辣、咸的何种配方？如前面早已说明，这很难用语言说清楚，只可意会，难以言传。"即之愈稀、味之无穷"。它是超越语言的，任何语言和语词都有它的反面意义，从而无有意义，艺术作品的意味层却正是超越语言的无意义而传递出"意义"，从而这意义只能是不可言传的本体意味。本来，艺术作品的感知形式层和情欲形象层所传递的，也是非语言所能替代或传递的意味，因此这意味层的"意味"便**专指**在这些意味之中的某种更深沉的人生意味，如果按神学的说法，即那种接近或接触到绝对本体世界或神的世界的"意味"，所以艺术的最高真实完全不在事物的摹写正确，而只在这"神"意的传达。它不是意义，只是意味，意义诉诸认识，意味诉诸情感的品味。艺术作品的感知形式层的"陌生化"从这一意味层的角度说，便不再只是感官心理需要变异，它不只是用语言可能表达或说明的感知意味，而是在这感知（以及想象）的陌生变异中，从麻木中唤醒人们去感受和领悟人生和命运，例如在极端喧嚣甚至表面听来已不成曲调的现代音乐中，却仍然可以有沉重的感伤，这感伤不同于古典的感伤，后者温柔含蓄，前者却直率喊出，但更使人感到外界压力的强大和个人命运的悲哀，显示出了现代的人生意味，而远不止是感知的陌生化而已了。艺术作品的情欲形象层，从这一意味层的角度说，便也不只是扩展经验，也不只是情欲的想象满足，而是在这种扩展和满足中，来确认、证实生命的意义（无意义）和动力。在中国文艺中，从古至今，非理性或反理性的原始情欲呈现较少，它们被压抑到无意识层，这个无意识层面较少在艺术中被发掘出来。林黛玉的梦与安娜·卡列尼娜的梦就不一样。安娜的梦有非理性的神秘成分，林黛玉的梦则完全可以用理知解说清楚。其实有神秘成分，更有味道，它可以对人性和哲理发掘得更深，给人更强烈的意味而令人思索。所以，尽管生命意义和意味不等于生命，但生命意义和意味却只能在这生命中。生命意味在于超越此有限的个体生命，而不在否定这生命，彻底否定或完全脱离生命的"生命意义"，将成为"否定生命的意义"，就发生了语言悖论，于是走向宗教。我所重视的生命意义和意味不脱离生命，则正是审美的，这也就是我所说的审美（中国儒道互补）与宗教（基督教、佛教）之不同所在。从而，与感知形式层、情欲形象层相对待相区别却又相渗透的便正是这人生意味层。这"意味"尽管似乎有时是超世的、神秘的，甚至宗教的，但归根到底却仍然是人生的、生命的。像《红楼梦》《英雄交响曲》《卡拉马佐夫兄弟》……不都要通过感知形式和情欲形象来展示出这种人生意味或命运悲怆吗？

尽管艺术并无进步可言，却又仍然以其特定时代的心理同构不断结构着丰富着整个人类的心理本体，这也就是把时间凝冻起来的历史存在，这种存在是种心理形式的存在，这心理形式的存在才赋予已消逝的历史以真实的生命。如果说，在黑格尔，因为绝对理念是纯精神，是上帝，从而作为感性形象的艺术便必须过渡到宗教，而不能在自身中充分实现最高的精神层次；那么，在人类学本体论，则恰恰是在具有感性形象的艺术中便能实现最高的精神层次，这也就是人生的意味、生命的存在和命运的悲怆。这也才是艺术本身的本体所在。它自身即是一个并不依存于个体经验心理的自足的客观"世界"。也因为这伟大的人生意味在艺术作品世界中的保存，才使人类的心理—情感本体不断地丰富、充实和扩展，如前面多次指出，它们相互对映，彼此助长。如果说，工具—社会本体由实践的因果性、时空性而建立而显现，那么心理—情感本体则由艺术对因果、时空的超越，而使人得到解放。面对那艺术作品的世界，似乎勾销了时间，过去的成了现在的体验；也似乎勾销了空间，异域的成了家园的感触；也似乎勾销了因果，果实倒成了原因。于是情感从具体的时空因果中升华出来，享受着也参与着一个超时空因果的本体世界的构建：这就是心理—情感本体，它是物态化的艺术世界的本源和果实。

所以，成功的艺术作品不仅具有历史性，同时也具有开放性。它随着时代、随着读者观众而不断更新，不断展示出它的新的意味。这种历史性和开放性恰好是同一的，艺术意义的联系性正在于它们是心理本体的不断创造和丰富，从而它才不是主观的，也不只是经验的，而具有整体生活的和总体历史的本体性质，对艺术的个人体验是从属于又构造着

这本体。艺术作为与此本体相对应的物态化，通过与情欲层的联系而使此本体具有潜在的行动性（"以美储善"），通过与感知层联系使此本体具有潜在的可理解性（"以美启真"）。[①]它直接培育着人性亦即人类特有的文化—心理结构。可见，这个结构并不只是经验科学的个体主观心理状况，而是具有历史性的超越的哲学本体存在。艺术正是人类这种作为精神生命和本体在不断伸延着的物态化的确证。人们在这物态化的对象中，直观到自己的生存和变化而获得培

---

① 参阅《李泽厚哲学美学文选·关于主体性的补充提纲》。

养、增添自我生命的力量。因此所谓生命力就不只是生物性的原始力量，而是积淀了社会历史的情感，这也就是人类的心理本体的情感部分。它是"人是值得活着的"的强有力的确证。艺术的最高价值便不过如此，不可能有比这更高的价值了，无论是科学或道德都没有也不可能达到这个有关生命意义的价值。所以，艺术及其意味作为历史性与开放性之同一，不只是回首过去，也不只是现时体验，它同时是指向未来的。它和时间一样，把过去现在未来融为一体，是无时间的时间，所以，它是永恒的，只要人类能永恒的话。

于是，下一个问题便是"人"与"天"（大自然、宇宙）的问题了，即人生意味、生命意义与宇宙何干的问题。1953年出版了三本美学著名书籍：尼古拉·哈特曼（N. Hartmann）的《美学》、苏珊·朗格的《情感与形式》、杜夫海纳的《审美经验现象学》。有意思的是，三本书都重现了艺术作为情感符号因为与天地万物相同构对应而具有生命力量，都强调艺术作品是这种自然生命的形式，这与中国传统美学很有接近处，即触及了"人的自然化"问题。现在有些人说中国艺术的美学精神是表现，西方是再现，便未免太简单了。其实中国古典美学重视去"表现"的，与其说是个体的情感思想，不如说是宇宙天地的普遍规律，"大乐与天地同和""文者，天地之心哉""一画"，各个艺术部门都以这种"天人合一"（自然人化和人自然化）为最高要求和准则，因此它也可以说是再现。实际上，无论用再现与表现，都不能确切地表达或说明这一特点。意味层的"意味"，那超越情欲形象和感知形式的人生意味，其中很重要的一个方面、种类或内容，便来自这种"天人合一"的感受，即其中包含有与宇宙普遍性形式的情感同构感应。正由于人生意味与这种天人同构相沟通交会，使艺术作品所传达出的命运感、使命感、历史感、人生境界感等，具有了某种神秘的伟大力量。在这里，只有个别的才是普遍的，普遍的概念、理知都没有这种生命和力量。在这里，只有抽象的才是具体的，这里的抽象既不是现实事物变形抽象，也不止是情感表现形态抽象，而是对世界、宇宙、人生的情理交融的领悟的抽象，这种抽象是概念抽象所不可能有的。如果说，在感知形式层里，形式结构自身具有表现力，接受者从与之对应中所获得或激起的感知大于由具象的内容、故事、情节所获得或激起的，在艺术幻想世界的形象层里，由于与原始冲力或无意识原型的联接所获得或激发的情欲力量也大于具象的内容故事，这两者在一定意义和程度上都可以说是某种"天（自然）人（社会）合一"的话；那么，在意味层里，这种"合一"便终于达到既奠基于其上又超越前两层的最高峰。因此回过头看，再来回答艺术与非艺术的区划或艺术高下的准则时，能否提供这种意味层，便可以看作标准之一。美感尽管不能脱离形、色、声、体的感知想象和情感欲望，但其高级形态却常常完全超越这种感知、想象和情欲，而进入某种对人生、对宇宙的整个体验的精神境界。音乐之所以比其他许多艺术常常更能达到某种哲理的深度，也是因为这最高哲理是诉诸人的感受、情感的人生—宇宙感怀。这也就是艺术作品的"意味层"。庄子的那些描述，以及"微妙无

● 临流抚琴图 ［宋］

形，寂寞无听"（阮籍）①等对音乐的描述，便都是艺术作品的这种意味层的经验。

艺术本来是在一定时空中的。它有时代性、历史性，但如前所述，恰恰是艺术把时空凝冻起来，成为一个永久的现在。画幅上、电影中、小说里，即是这种凝冻的时空，它毫不真实，却永不消逝。谢林（Schelling）说艺术勾销时间。这种勾销却使心理增长。时空本是人类把握世界的基本感性方式（康德），②艺术里的时空却成为人类心理增长的途径。其中又特别是时间，只在时间中进行的音乐常常成为衡量艺术意味的某种标尺。人类和个体都通过时间的体验而成长，人经常感叹人生无常，去日苦多，时间一去不复返，总希望把时间唤醒、逆转和凝冻，艺术便能满足人的这种要求，时空从人们现实地把握世界的感性知觉变为体验人生的心理途径，它直接地唤醒、培育、塑造人的自觉意识，丰富人的心灵，去构建这个艺术—心理情感的本体世界，以确证人类的生存和人的存在。

因之，如康德所云，只有天才才能创造艺术。他指的天才并不是天资，而是指艺术作为审美理想的表现，有将深刻的人生内容转化成艺术形式的伟大才能，以造成伟大的意味

---

① 参阅李泽厚、刘纲纪《中国美学史》第 2 卷。
② 参阅《批判哲学的批判》第 3 章。

层。这种创作是"无法而法"。它不能教，没有固定的法则方式，纯靠艺术家个人去捕捉从而去表现既有理性内容，又不能用概念来认识和表达的东西，创造既是典范又是独创的富有人生意味的作品。所以作家能够走在思想家、理论家的前面，最早捕捉到和表现出富有重大时代意义的课题，尽管作家、艺术家不能从理论上了解它们、分析它们，却仍然能反映或表现出来。科学是理性的意识，艺术是感性的自我意识，这意识由于不离感性，从而是个体的领会，而非公共的言语，它就在感受（接受）自身中，而并不指示外物，所以它不需语言，只要普遍（一定时代社会的）接受性亦即康德所说的"先验的共同感"。这个"先验的共同感"其实不是别的，正是本书所反复讲到的人类自己建立的历史的心理—情感本体。

因此经常可以看到，有些作品如陀思妥耶夫斯基虽然艺术形式粗糙，但因为它提出了根本性的人生问题，深入触及了这本体，超越了感知的愉悦和情欲的满足，具有深刻人生意味，使人感受极为强烈。但是，这又是为何可能的呢？

我在1955年曾用"社会氛围"来代替普列汉诺夫的"社会心理"讲说艺术创作。我认为，"社会心理"一般来说比较抽象、静止、平面、持久，"社会氛围"则非常具体，它可以是突发性的，范围可大可小，时间可长（可以是一个时代的）可短（也可以是半个小时的），它是动态的、立体的，与社会的物质现实（具体事件）直接相连，它常常是时代、问题、力量的具体呈现。例如周恩来刚逝世时北京群众的悲痛情绪所造成的社会氛围，就远比"社会心理"要具体、清晰和"物质化"。有时氛围的范围也可以很小，如几个人谈话，谈着谈着"气氛"就变了。我认为作家、艺术家最重要的就是要善于感受这种种氛围，特别是具有深刻意义的"社会氛围"，因为这种"社会氛围"能集中表现社会的潮流、时代的气息、生活的本质，它和人们的命运、需要、期待交织在一起，其中包括有炽烈的情感，有冷静的思考，有实际的行动，从而具有深刻的人生意味。曹雪芹的"悲凉之雾，遍被华林"，托尔斯泰的"俄国革命的一面镜子"，陀思妥耶夫斯基的心理折磨和苦难，卡夫卡的可怖的异化人生，都是透过形象层传出的深刻的人生意味，它们正是特定社会氛围的生活积淀。现代生活中偶然性的增大，使命运感愈益凸出，荒谬、绝对孤独、无家可归……无不透过"氛围"而渗入作品中。善于感受和捕捉"社会氛围"，对艺术创作是很重要的。这就是生活积淀，即把"社会氛围"转化入作品，使作品获有特定的人生意味和审美情调，生活积淀在艺术中了。例如，在那么吵闹毫无思想的disco舞蹈中，却也仍然可以有人生的深刻意味，青年们之所以为此"疯狂"，其实并不是件浅薄的事。

生活积淀而成为艺术作品的意味层，恰好是对形式层和

● 生命之舞　［挪威］蒙克

形象层原来积淀的某种突破而具有创新性质。因为原始积淀
和艺术积淀都有化内容为形式从而习惯化、凝固化的倾向，
例如前面讲到的装饰风、形式美；生活积淀则刚好相反，它
引入新的社会氛围和人生把握而革新、变换着原有积淀。席
勒曾将美说为生命的形式：如果只有形式，那将是抽象的；

只有生命则是一堆印象、材料而已。作为美的艺术，正是透过形式的寻觅和创造而积淀着生命的力量、时代的激情，从而使此形式自身具有生命、力量和激情。这即是生活积淀。可见，积淀本身也是在矛盾冲突中变迁承沿着的。困难是，艺术作品的三种层次，积淀的三种不同性质、形态，又经常是交错重叠，彼此渗透而难以区分的。这就需要更多的具体分析，不可一概而论了。举其大端，则可简括为，原始积淀是审美，艺术积淀是形式，生活积淀是艺术。

所谓积淀，本有广狭两义。广义的积淀指所有由理性化为感性，由社会化为个体，由历史化为心理的建构行程。它可以包括理性的内化（智力结构）、凝聚（意志结构）等。狭义的积淀则是指审美的心理情感的构造。本书所述三积淀均属狭义范围。

积淀既由历史化为心理，由理性化为感性，由社会化为个体，从而，这公共性的、普遍性的积淀如何落实在个体的独特存在而实现，自我的独一无二的感性存在如何与这共有的积淀配置，便具有极大的差异。这在美学展现为人生境界、生命感受和审美能力（包括创作和欣赏）的个性差异。这差异具有本体的意义，即那似乎是被偶然扔入这个世界，本无任何意义的感性个体，要努力去取得自己生命的意义。这意义不同于机器人的"生命意义"，它不能逻辑地产生出来，而必须由自己通过情感心理来寻索和建立。所以它不只是发现自己、寻觅自己，而且是去创造、建立那只能活一次的独一无二的自己。人作为个体生命是如此之偶然、短促和艰辛，而死却必然和容易。所以人不能是工具、手段，人是目的自身。

于是，回到人本身吧，回到人的个体、感性和偶然吧。[①]从而，也就回到现实的日常生活（everyday life）中来吧！不要再受任何形上观念的控制支配，主动来迎接、组合和打破这积淀吧。艺术是你的感性存在的心理对映物，它就存在于你的日常经验（living experience）中，这即是心理—情感本体。在生活中去做非功利的省视，在经验中去进行情感的净化，从而使经验具有新鲜性、客观性、开拓性，使生活本身变而为审美意味的领悟和创作，使感知、理解、想象、情欲处在不断变换的组合中，于是艺术作品不再只是供观赏的少数人物的产品，而日益成为每个个体存在的自我完成的天才意识。个体先天的潜力、才能、气质将充分实现，它迎接积淀、组建积淀却又打破积淀。于是积淀常新，艺术常新，经验常新，审美常新；于是，情感本体万岁，新感性万岁，人类万岁。

---

① 参阅拙作关于主体性的三个提纲。

附录一

实践美学短记

1. 美感双螺旋（Aesthetic Double Helix）
与人的自然化

所谓实践美学，从哲学上说，乃人类学历史本体论（亦称主体性实践哲学）的美学部分，它以外在—内在的自然的人化说为根本理论基础，认为美的根源、本质或前提在于外在自然（人的自然环境）与人的生存关系的历史性的改变；美感的根源在于内在自然（人的躯体、感官、情欲和整个心理）的人化，即社会性向生理性（自然性）的渗透、交融、合一，此即积淀说。由于人的生理—心理先天（器官、躯体和大脑皮质）和后天（经验和教育和文化）有差异，而使审美和艺术千差万别，极具个性。前者（先天的差异）甚为重要，绝不亚于后者（文化）。

实践美学作为学科说，是在这个哲学命题基础上，以"美感二重性"（1956年拙文）、新感性（《美学四讲》）或审美心理的"数学方程式"（《美的历程》）或DNA"双螺旋"（《美学四讲》英文版）为中心的展开。所谓"方程式""双螺旋"都是借用，其意在于强调审美心理是由多项心理因素（包含感知、理解、想象、情欲四大要项集团）所彼此作用、多方变易而构成，有如多种变项的数学方程式或ACGT的DNA的化学双螺旋。每一要项又由多种功能合成，如"感知"包含生理感觉和心理认知，"理解"包含知性和记忆，"想象"包含期待和无意识，"情欲"包含情绪、欲望和宣泄，等等。实践美学作为理论只是提出这样一种方向，其实证心理学的成熟研究，也许需要等待脑科学真正发达之后的下个世纪。但现代可以从艺术作品和艺术史来分析审美心理这几种要素或功能的各种比例、结构的组合、构成、发展、变迁及其感受特点。这将有益于艺术、艺术作品和艺术史的欣赏，也有助于对人的心理演进及其创造能力的了解。这也就是对"人性"的理解，是对作为人性的个体潜能的创造性、丰富性、复杂性、不确定性和可塑性的理解（参阅《论实用理性与乐感文化》）。

　　实践美学认为，这个人性心理亦即美感双螺旋或方程式的最初起源或呈现乃是使用—创作工具的劳动操作中所获得的形式感，即均衡、对称、比例、韵律，等等。从哲学讲，这是运用自然规律普遍必然地施加于对象的"自由"和由此自由而产生的愉快感受。正是它，突破了动物屈从在自然环境和自身物种的生理局限而取得"命由人定"的生存（生活、生命）的主动力量和能力，使自己生理自然的存在可以获得最大的满足和伸延，即我所谓"超生物的肢体"和"超生物的存在"，亦即人的生存秩序。从先验心理学讲，这种自由的愉快感不仅如Kant（康德）所讲是知性与想象力运动所产生的审美愉快和理性与想象对抗所产生的崇高感，而且还包含有其他心理如情欲、无意识等因素渗透在内。它们相互交织、渗透、融合、合一，才有上述的"双螺旋"或"方程式"。

　　这个审美双螺旋和这种主体生理性能有密切联系的各心理要项，在进入巫术歌舞和原始礼仪后，便突出地并相对独立地发展了。它使得由劳动操作中所获得的形式愉快感虽仍然存在，却已居于次要位置。其他因素如情欲、理解、无意识等则大为扩张，这便是艺术的根源和生长。所以艺术不只是审美，而有其更为具体的情欲性和认知性的"内容"，它即人的"意义世界"。这也就是说，从原始时代巫术歌舞开始，艺术有服务于特定时空群体需要颇为具体的社会功能性。这种社会功能性的渗入极大地丰富了人的生理感官和心理，不但产生能看画的眼睛和能听音乐的耳朵（感知层），而且使性交变为爱情，呼喊变为诗歌（情欲层）以及感受变成了悟（意味层）。艺术以此不断组成并发展延伸着人的美感双螺旋或方程式。今日性欲文化无孔不入地全面渗透文学艺术，并赤裸裸地来表达自己，使得在理论上提出这个与生理直接相关的美感心理双螺旋更为重要。这是自然人化与人自然化的哲学命题的具体开展。

实践美学虽然以前已讲到人的自然化（见《华夏美学》《己卯五说·说自然人化》），但由于论证核心是自然人化的基础命题，即社会、理性、历史积淀在个体、感性、心理，而对这一过程的人体生理—心理方面论述不够，亦即对人自然化的方面论述不够。

人自然化是建立在自然人化基础之上，否则，人本是动物，无所谓"自然化"。正由于自然人化，人才可能自然化。正因为自然人化在某些方面今日已走入相当片面的"极端"，才需要突出人自然化。如《华夏美学》所指出，人自然化包括自然成为人们和谐居处、旅游、观赏、享受生存的环境和对象，包括人与山水花鸟的亲密感情和生活寄托，包括人们学习自然、调整生理节律、增进健康和寿命，等等。其中还包括对自然界的宗教神秘体验如悟道、皈依。也就是说，人自然化也包括了中国古人的所谓"天地境界"。

不同于其他美学理论，实践美学强调的是这种个人与自然的亲密关系首先仍需建立在特定的科技和社会生产力的基础之上。在今日就应努力建立在发明创造如何顺应自然，如以太阳能、风力来代替石油煤炭作为资源，以"清洁生产"（清洁的原料、清洁的生产过程、清洁的产品效益等）"循环经济"（如水的循环利用）和生态平衡等自然环境保护的基础之上。这些问题已越出实践美学的范围，却是实践美学"人自然化"所应提及的重要前提，这也才是以人类学历史本体论（即从宏观人类生存着眼）为哲学基础的实践美学（见《美学四讲》）。

由这个"人自然化"的观点来研究美感心理结构，便会注意自然生理因素的重要。例如，音乐具有由听觉而引起全身生理反应的直接性和物质性，同时却又可以具有最深沉的哲理性和精神性。它可以是无意识与意识的相互渗透和交融，最感性同时又最具理性精神。这种"天人合一"就是人所独有的"艺术"，而不同于动物性的自然生理反应。例如观水流，站居上游或下游会有不同的感受。站居下游由水流的冲击所引起抗拒、抵挡从而产生的兴奋感与站居上游随水流逝而导致的空虚失落的不适感便很不相同，它们与生理反应大有关系。前者的生理—心理特征是Kant（康德）讲星空、大海、暴风雨的崇高感为理性胜利的著名论断之所实际依据。实践美学论崇高是从对自然征服的人化斗争过程的历史成果角度着眼，这是哲学基础，仍然正确；但具体落实到个体审美感受，便应注意补充上述这一个体生理—心理特征。这即是说，实践美学以宏观的人类历史角度所论述的美感的哲学观点，在进入微观美感分析和艺术作品分析中，便需要远为具体的生理学—心理学来补充。

从古代庄子主张"回归自然"到今日批判现代性的各种

浪漫派的意义在于：中国应该在批判资本主义工业文明的背景下进行工业化和现代化，用反现代性或所谓审美现代性来解读启蒙现代性或科学现代性，这也正是在自然人化基础上来寻求人自然化。

2. 艺术终结与审美文化

《美学四讲》在"形象层与艺术积淀"一节中讲到艺术史上艺术向审美的积淀和转换，也提及今日谈论甚多的艺术终结问题。

艺术的终结与历史的终结密切相关，都由Hegel（黑格尔）提出。

所谓"历史的终结"是指资本主义全球化和共和民主制度在世界范围内普遍建立，战争彻底消除，革命不再发生，人类取得永久和平，由小康生活迈入大同世界。今天，急忙干工作，平淡过日子，自我牺牲和澎湃激情都只作为例外的、特殊的情况和要求而出现。英雄时代已经过去，散文生活无限延伸。于是历史宣告终结。

艺术亦然。原始时代以来迄至今日艺术所具有的鼓舞斗志、抚慰哀伤的巫术礼仪的社会功能，也从此逐渐衰亡。艺术日益成为散文生活的装饰和娱乐。古代艺术（包括建筑、雕塑等）由礼拜对象成为观赏对象，现代艺术则由对资本主义的愤怒抗议变为资本社会的审美装饰（见《美学四讲》）。由历史产生的悲剧重量大半消失，"不可承受之轻"的爱情童话或感官享受占据中心。E. Munch（爱德华·蒙克）的《呐喊》是对资本社会抗议的最后一声，M. Duchamp（马塞尔·杜尚）的便壶为这种抗议画上了终结。上帝死了，人还活着，世界无目的，人生无意义突显出来，"荒诞"成为可与悲剧、崇高、滑稽相并立的重要美学范畴。古典艺术部类日趋式微，电影、rap音乐大行其道。四星（影星、球星、歌星、节目主持星）高照，七情飞扬。飞扬的正是声（music）色（sex）快乐。已经不再追求fine art，但审美愉快却快速扩展，装饰、娱乐成了艺术主流，大批量地进入平淡生活和日常趣味，渗透衣、食、住、行、性、健、寿、娱的方方面面。装饰性（包含变形了的"理想"和热情）、娱乐性、享受性成了散文生活所不可或缺的要素。

大到城市规划、工程设计、生态景观、建筑风貌、街头公园和巨型雕刻，小到衣饰打扮、消费包装、用具造型、起居节奏，审美文化正成为生活的必要组成部分。这也正是实践美学的用武之地（《美学四讲》）。研究日常生活中的审美现象、情况和如何可能展开个性的各种创造性、偶然性和自由愉快，包括处理现代科技所产生的现代时空感、速度感和不确定感，将是人类进入小康生活后的重要审美课题，这课题关系于人（个体）的潜能发展和开拓。

但是，就今日的世界范围说，历史并未终结。从而艺术也不可能终结。资本制度的全球化并不能消除灾难、剥削、压迫和战争，特别是在广大的发展中的国家和地区。人类小康、世界和平和剥削、压迫的消亡仍将是长时期至少一两个世纪的奋斗目标和艰难任务。于是，刺激、鼓舞或颓废人心的各种非装饰性的艺术又仍将存在，并可以不时引起大小波涛。当前各种前卫艺术、行为艺术、概念艺术有提示丑陋现实的抗议作用，但它们与美感双螺旋是否还有关系和它们缺乏艺术对人的长久影响，从而失去美学品格，便是一个值得探索的问题。

但这两个方面——审美文化和当代艺术都已被资本社会严重商品化。艺术和审美都被市场经济所控制，包括"反抗"的艺术也如此。艺术作为广告炒作的对象成为被制造出来的消费，包括现代旅游"事业"使自然也成为被制造出来的商品，成了同质性的"古迹"、寺庙和解说词。人在"一半是机器，一半是动物"即电脑附件和drugs幻象的生存中，歌唱如念咒，文学乃哲学，不断失去生命和情感自身。实践美学提出"美感双螺旋"和"人的自然化"等，正是追求在散文世界的生活无聊中如何可能保存理想和热情。它希冀第二次文艺复兴，在探求审美趣味和文化时尚中再次找寻自然和人性。

（2006年）

附录二

实践美学短记
之二

1. 审美与艺术

《美学四讲》等拙著曾认为，审美（或美感）本与艺术无干，它出现在人类使用—制造工具的操作—劳动过程中，即生存个体在实现目的的活动中与某些自然规律的重合时所产生的身心快慰感受或情感。它之所以区别于动物的同类快感，在于使用—制造工具的操作活动所拥有更多种类的心理功能在这里得到了确认。其中，要特别提到的是想象功能和理解功能，由于它们与动物本能性的情欲和感（知）觉产生了更为复杂的组合、交织、渗透，便逐渐形成了变化多端似乎难以穷尽的心理结构，即我们所谓的"美感双螺旋"。虽然这只是哲学假说，所谓情欲、感（知）觉、想象、理解，也只是非常粗糙疏略的心理集团的称谓，其中还有更为繁复细密因素的关系和结构，这将是今后百年生理学—心理学等实证科学研究的问题。未来脑科学将揭示其中各种神经通道和结构形式审美以这种心理众多功能活动，与"理性内构"

（原作"理性内化"，今改作此词）的认识能力和"理性凝聚"的道德能力区别开来。Kant（康德）所说审美具有的"无概念""非功利""非目的性"而为人类所"共有"，我以为正是描述这一区别的特征所在，至今仍然适用。

作为所谓审美对象化的艺术，从古至今，并不只有审美作用，它更主要是社会功利的。有时明显一些，有时隐晦一些而已。今日被认为仅供观赏的"艺术"，如礼仪性的古代舞蹈、建筑、雕刻、绘画，等等，在当时都具有非常明确的功利目的。它们作为精神的信仰、寄托，费时费工地人为制作出来，我曾称之为"物态化生产"，即精神生产，与供人们现实生存的"物质生产"相应对。只是随着时间流逝，即这种物态化生产品的功利内容和目的性质日益失去或褪色，变成了所谓的"艺术"或"艺术作品"，即成为仅为调动"美感双螺旋"的审美对象。由于在这种专为精神心理需要（信仰、寄托、鼓舞、慰安等）的符号性的物态化生产中，美感四要素集团交织渗透和组配得到了比在使用—制造工具的物质生产活动中远为自由、充分的开拓、扩大和发展，即这种组配有更强烈的情欲冲动、更刺激的感知、更自由的想象和理解等，使这种符号性（物态化）精神生产，标志着人类心理组配的质的飞跃。它作为"美感双螺旋"的独立对象化的艺术"形式"，使人类最终告别动物界。它最先是远古人类的舞蹈仪式活动以及随后的洞穴壁画、陶器纹饰、大小雕刻、庙堂建筑，等等。

从字源学看，也如此。"艺术"（Art）一词，无论中西均源于技术。艺术本技术，指的是物质生产活动中的技术操作所达到人的内在目的性与外在规律性的高度一致。艺术是技术熟练的一种界定。有如庄子讲的那个庖丁解牛的著名故事，即"技进乎道"，亦即合目的与合规律、天道与人道纯然一体。

技术有多种多样，从下层工匠到上层贵族均可拥有。中国古代有六艺（礼、乐、射、御、书、数）。这些技艺由于合目的与合规律的一致，都包含有审美的因素，但由于其中的美感双螺旋一般都局促在专业活动的狭隘限制中，只有在上述巫术礼仪突破了物质实用要求，这些技艺才逐渐从非常实用的日常生活具体要求的局限中分离出来。所以，不是物质生产作品，如劳动工具、一般衣着或一般房屋，而是专门为精神需要的物态化生产的人工作品的技艺，更成为审美对象即"艺术作品"。

艺术的本源既离不开物质生产的技术和精神生产的符号，审美依附着这两层生产也不断发展。从历史看，作为专供审美观赏的fine art，是在宫廷、贵族、士大夫庇护下成长起来，并且是比较晚近的事情。脱离"敦人伦，助教化"功利目的的中国文人画是宋元以来才有，西方摆脱信仰要求的艺术作品则更晚一些。

简而言之，艺术与审美并不同源，却有关连：即艺术的物、质形式方面（身体的动作与状态、物质的材料、色彩与结构等）均由集中、提炼、发展物质生产的技艺而来，它们与内容（精神需要）的结合，成了后世的所谓"艺术"。艺术使审美双螺旋得到了真正的独立和不断地发展。艺术是有用之用，审美是无用之用。从而从审美心理来界定和探究"艺术"和"艺术作品"与从其他视角来探究、界定，便有不同的标准和不同的理论。世界每时每刻都在产生亿万件人工制品，如何区分艺术与非艺术、好艺术（作品）与坏艺术（作品），从审美心理角度来看，就将以它们能否和如何调动双螺旋或四要素的状况和境地来区分和决定。

以上这些，旧著《美学四讲》等均已讲过，这里再重复一次而已。

现在面临的是Marcel Duchamp（马塞尔·杜尚）的现代或后现代艺术问题。我曾说，当Duchamp把便壶放在展览厅（《泉》），便宣告了艺术的终结。艺术终结与历史终结同步，即一个不需要自巫术礼仪以来鼓舞或影响群体的"艺术"的散文时代开始，所有艺术都成为装饰和娱乐。本来，自巫术礼仪以来的艺术中就有装饰、娱乐的方面或因素，现代使它们独立而自由发展开来，产生了再一次的形式解放。艺术消亡，审美却泛化普及。《美学四讲》曾强调"社会美"即现代工业产品、城市建筑到各种日常用具、衣饰，到人们的身体活动、生活节奏、工作方式，都在一定程度一定意义上或渗入或追求或走向审美。中国古代"乐与政通"，强调从音乐即人的内心审美视角来测量和构建人际的和人与自然的秩序与和谐，正是实践美学提出"社会美"的中国传统资源。

Duchamp的重大意义在于，他以他的"艺术作品"抹平了艺术与生活的界线（《泉》），推翻了传统艺术的神圣、崇高或优美（有胡子的蒙娜丽莎），也否认了生活有确定的秩序（有钩子的地板）。他提示的是艺术和生活的荒诞性和虚无性。他明确说过他本意就是在出美学的洋相，是在"打击美学"（"Discourage Aesthetics"，见Duchamp 1962年写给Han Richler的信）。他很清楚，他的作品不再是审美对象。艺术与非艺术、好（"艺术"）作品与坏作品的区分不再存在，艺术于是终结。

Duchamp本已宣告艺术终结，但Duchamp之后，模仿蜂起，各种"概念艺术""行为艺术""装置艺术"大行其道。非审美对象的"艺术"在商业炒作中获得了极大发展，成了精英主流。是否艺术？好坏如何？并无标准。Arthur C. Danto（阿瑟·C·丹托）的Artworld（艺术世界）理论和G. Dichie的Institutional Theory也应运而生。一切都组配在资本操作之中，加快运行，相互支撑，喧嚣热闹，成了发达社会的高级装饰。

从重视审美心理的实践美学看，因为摄影技术所带来的巨大冲击，西方造型艺术（特别是绘画和室内雕塑）由印象派、后印象派走入彻底解构图像的Picasso（毕加索）的立体主义和以后的抽象表现主义、J. Pollock（杰克森·波洛克）等，乃势所必至。它们与从Duchamp到概念艺术、行为艺术等，相反相成地共同体现了上述的"艺术终结"：由自我表现的抗议、颓废和脱离现实的"纯粹艺术"，变成了抹平自我、大众享受和现实消费的商品生产。其中一些作品由于仍能调动或引起审美双螺旋的活动（例如即使突出理解刺激但还不只是概念认识，或突出感知刺激但还不只是生理快感或不快感），即在创作和接受心理中仍有其他因素的"自由游戏"而成为审美对象，而为实践美学可以认同的艺术作品。

一般说来，实践美学更为重视的，并不是当今博物馆的这些收藏品，而是现代日常生活的审美化。如上所说，装饰和娱乐本来在原始艺术中便存在，但一直从属在群体社会需要的"内容"之中。如今在历史终结后，它们"脱魅"解放，独立发展，成为今天广大人民日常生活的重要成分。这个历史性的重要事实，使实践美学更为认同Dewey（约翰·杜威）的美学理论。

John Dewey也抹平生活与艺术的界线，但与Duchamp的方向正相反。Dewey把日常生活中的"完满"经验而不是任一经验作为艺术，即非常重视人们日常生活经验的完满性，这与实践美学直接相通,这才是实践美学所重视的"艺术终结"的要点所在。因为在这里,人人都可以是艺术家,人人都可以在自己的日常生活中去获得由实现双螺旋适当运作的完满经验,去创造它的新组配和新结构,从而人人都可以去创造艺术和欣赏艺术。"旧时王谢堂前燕,飞入寻常百姓家",任何人的这种成功作品都有权利进入展览厅、博物馆,供他人观赏。所谓"成功",仍然是它能启动美感双螺旋,使人获得非概念认知、非伦理教导、非生理快感(或不快感)的某种满足或享受,即审美愉悦。尽管双螺旋中任何因素均可在现代条件下极度夸张或独立,从而与概念认知、伦理教导、生理快(不快)感可以有更为直接密切的偏重或关联,但不管如何"极度",也一般不会成为概念认识(文学变成理论,唱歌变成读报),或成为令人烦躁不安、生理厌恶或痛苦的装饰和娱乐。Foucault对性、对死亡的"极度"体验毕竟没有普遍的审美意义。

在今日铺天盖地而来的"当代艺术"湍急浪潮中,如何顾惜和发展审美和艺术的伟大历史成果,珍视它们对丰富人性的重要作用,是实践美学所关注的课题。实践美学不轻易接受由商业运作和少数精英所判定的"艺术",怀疑那些根本缺乏标准而为金钱操控的混乱。实践美学将固守以美感经验为核心和本体来开展自己的叙说,而与其他美学理论区分开来。

2. 审美与人性

"人性"是中外古今用得极多而极为模糊混乱的概念。它有时指人的动物性或人的感性欲求，如指责禁欲主义"扼杀人性"，有时又指人的社会性或人的理性特征，如指责纵欲主义"行同禽兽"。如以前拙文所认为，人性不是神性（因人有维系动物性生存的生理需要），也不是动物性（因人有控制、主宰生理需要的力量或能力）。人性是这两方面的各种交织融合。"人性"概念之所以模糊含混，就因为两方面的"交织融合"非常繁复，难以厘清。

拙文《情本体、两种道德和立命》所提的"人性能力"，主要就人之所以不同于动物的道德心理而言。我所讲的"人性能力"除了"理性凝聚"这一人的道德心理、意志力量即"自由意志"之外，还有"理性内化"即人所拥有而区别于动物的理性认识能力，如逻辑、数学、辩证观念（见《批判哲学的批判》和《实用理性与乐感文化》）和以"理

性融化"（以前用"狭义的积淀"，今改此词）为特征的
审美能力。所有这些能力都只是一种心理的结构形式。形式
不能离开"质料"［Aristotle（亚里士多德）］或"内容"
［Hegel（黑格尔）］，质料或内容则由社会时代所提供而不
断发展变易，"形式"也正是在这不断变易发展的长久历史
中所积淀而形成和发展，并非先有此形式，或"人性"乃上
帝神明所赐予。这是历史本体论不同于一切先验论、形式论
之所在。

已多次说明，在认识（理性内构）和道德（理性凝聚）
中，理性的控制、主宰占据上风。动物性生理需求因素压而
不张。与它们有很大不同，作为"理性融化"，审美的理性
不居主宰地位，从而人的动物性和人的个体性在审美中便远
为鲜明和突出。理性与感性的关系、结构和状态，在审美中
也远为复杂和多样。这使审美在整个人性形成和发展中具有
了独特的开放性和可能性。本来，个体因先天禀赋和后天教
养不同，即使由同一理性主宰（内构和凝聚），人性能力
（认识能力和道德能力）便各有不同。面对同一生死祸福的
选择、决定，面对同一事物的认识、理解，人们经常很不相
同。这里有智愚善恶之分，但这一区分也仍然是通由理性规
范和理性标准来确认的。

审美能力却不然。由于并非理性主宰感性，而是理性
融化在感性中，它失去了可能遵循的理性规范。尽管审美与

生理快感仍然不同，审美快乐不同于吃饱穿暖动物性生存需求得到满足的生理快乐，但仍与纯理性的快乐（包括追求知识、科学发现的知性愉快和履行义务、实现道德的精神满足）不同。审美一方面与人的感性生存的基本力量如性、无意识、暴力（尼采所谓毁灭的快乐，某些宗教徒的受虐快乐）等相关联，人类基因和脑科学的研究将使未来对人性的这种动物性方面获得更多的了解甚至改进。另一方面，它又可以是某种超感性生存的心理境界或状态，包括神恩天启、天人合一的神秘经验等，它们也将为未来科学所研究或解密。

审美作为这种人性能力的特征，如前所述，Kant（康德）早已指出，却不断被人误解。例如当代美学对Kant无功利说的排斥和反对。

就广义说，作为生理族类，人的几乎任何活动和心理，都一般是有关、有助、有益、有利于人的生存需要，从而是"功利"的，它甚至可以包括人的无意识、做梦，等等。当然审美于此也不例外。但就狭义说，人的活动和心理却可以有两种超功利超因果的样式。一是超出个体（一己小我）功利，如道德伦理的行为和心理。这种超一己功利的活动和心理，仍由理性主宰决定，仍有概念、目的和某种大功利（如为了上帝或为了民族、国家、群体的利益而献身）。

另一种是包括连这些大功利、概念、目的也没有的活动和心理，这就是审美。Kant的审美"非功利"所描述的便是这种心理特征，它与"无概念""无目的"连在一起，不可分割。它构成了人所特有的Common Sense（共通感），即一种特有的人性能力。这可以是人性的某种最高成果。

之所以说它可以是人性最高成果，不但是由于它超越了一般的个体功利，而且也超越了舍己为人（或为上帝）的道德目的，而是一种"非目的的目的性"。这个所谓的"非目的的目的性"指向的正是人的全面成长，即人的各项内在功能的开拓和实现，它包含了我所谓的"立美启真""以美储善"和"以美立命"。

所谓"以美启真"，即在审美双螺旋结构中由自由想象的审美感受可以导致科技认识的发现和发明。所谓"以美储善"，是由审美感受导致情本体和物自体的信仰与追求，人由是于生死可以无所住心无所烦畏而"立命"。所有这些，在"论实用理性与乐感文化"等文中均有论述。该文提出美学作为"第一哲学"，就是因为审美既是人性能力的最初萌芽，却又可以是不断发展成长的最高成果，它是人性中最为贯串而又最为开放的部分。它之所以开放，正是由于非确定概念所能规范、非理性目的所能主宰，而是充满了各项心理要素相交织、渗透、融合、冲突，以不确定性、无规范性为特征，从而开辟了多样可能的缘故。

总之，我着意讨论的人性能力问题，是一种形式结构，我以为脑科学将来可以作出根本性的解答。例如"理性凝聚"，其生理基础可能即是大脑中枢神经的认识—思维区域对情感—意志区域某种特殊通道的建立。这通道是经由实践（人类）和教育（个体）长期过程才形成。这就是我所谓的文化心理结构或积淀形式或人性能力。"理性内构"和"理性融化"同此。其中，作为"理性融化"的审美，其神经通道更基本，又可以发展得更复杂更开放。这即是前科学形态的先验心理学即历史本体论的哲学视角。历史本体论和实践美学认为，它们都来自人类文化，而非来自上帝神明，并认为这种心理结构形式的建立对人之所以为人十分关键，从而它应为教育学提供深刻的理论依据。这是人性问题的核心课题。

3. 审美形而上学

由于审美与感性从而总与动物性情欲相连，声（music）色（sex）快乐便成为今日大众文化审美感受的时尚。但与此相关又相对抗，寻找"纯"精神境界的"超越"，又使审美不止于娱乐、装饰的快乐，而强烈指向某种超生物性的生存状态或人生境界的追求。但它依然不"纯"，仍然不可能像中世纪苦行僧那样，追求脱离此动物性肉体生存。并且恰恰相反，它只能是在此动物性肉体存在基础上追求超脱。这就是我所讲的"人自然化"中身体—心理的修炼与自然—宇宙的节奏韵律相合拍一致以导致的"天人合一"等神秘经验。这也是我所讲的"情本体"的某种落实。

"情"即是"爱"。有如基督教义所言，有肉欲之爱（Eros），有心灵之爱（Agape）。在以情欲论为核心的"儒学四期"的历史本体论这里，由于无另一个世界的设定，使这两种爱本身以及其交织和区划更为复杂和多样。

人总想要活下去，这是动物的强大的本能（人有五大动物性本能：活下去、食、睡、性、社交）。但人总要死，这是人所独有的自我意识。由于前者，就有人的维持生存、延续的各种活动和心理。由于后者，就有各种各样五光十彩自迷迷人的信仰、希冀、归依、从属。人"活下去"并不容易，人生艰难，又一无依凭，于是"烦"生"畏"死出焉。"生烦死畏，追求超越，此为宗教。生烦死畏，不如无生，此是佛家。生烦死畏，却顺事安宁，深情感慨，此乃儒学。"（《论语今读》）

　　因为人生不易，又并无意义，确乎不如无生。但既已生出，很难自杀，即使觉悟"四大皆空""色即是空"，悟"空"之后又仍得活。怎么办？这是从庄生梦蝶到慧能和马祖"担水砍柴，莫非妙道""日日是好日"，到宋明理学"以其情顺万物而无情""廓然大公，物来顺应"等所寻觅得到的中国传统的人生之道。这里没有灵肉二分的超验归依，而只有在这个世界中的审美超越。这涉及"在时间中"和"时间性"。

　　"在时间中"是占有空间的客观时间，是社会客观性的年月时日，生死也正因为拥有这个占据空间的年月时日的身体。

　　"时间性"是"时间是此在在存在的如何"〔Heidegger（海德格尔）〕的主观时间。所谓"不朽"（永恒）也正是这个不占据空间的主观时间的精神家园。似乎只有体验到一切均"无"（无意义、无因果、无功利）而又生存，生存才把握了时间性。Heidegger所"烦""畏"的正是由于占有空间的"在时间中"，所以提出"先行到死亡之中去"。

其实，按照上述中国传统，坐忘、心斋、入定、禅悟之后，因仍然活着，从而执着于"空""无"，执着于"先行到死亡中去"，亦属虚妄。Heidegger所批评的"就存在者而思存在""把存在存在者化"，倒是中国特色，即永远不脱离"人活着"这一基本枢纽或根本。从而"重生安死"，正是"就存在者而思存在"，而不同于H.氏"舍存在者而言存在"之"奋生忧死"。本来无论中西，"有"（中国则是"易"、流变、生成）先于"无"，"有"更本源。"无"是人创造出来的，即因自己的"无"生发出他者（事物、认识）之"无"，从而"有"即"无"。于是，只有"无之无化"，才能"无"中生"有"。只有知"烦""畏"亦空无，才有栖居的诗意。这也才是"日日是好日"，才是"万籁虽参差，适我莫非新"。

中国传统既哀人生之虚无，又体人生之苦辛，两者交织，形成了人生悲剧感的"空而有"（参阅"论实用理性与乐感文化"）。它以审美方式到达没有上帝耶稣、没有神灵庇护的"天地境界"。存在者以这种境界来与存在会面，生活得苍凉、感伤而强韧。鲁迅《过客》步履蹒跚地走在荆棘满途毫无尽头也无希望的道路上，"知其不可而为之"，明知虚无却奋勇前行不已。生命的意义、人生的价值就在此行程（流变）自身。这里没有Being，只是Becoming，这就是"道"（Way or Dao）。这就是流变生成中的种种情况和情感，这就是"情本体"自身。它并无僵硬固定的本体（Noumenon），它不是理、气、心、性的道德形而上学或宇宙形而上学。

Augustine（奥古斯汀）说，"现在是没有丝毫长度的"（《忏悔录》）。Heidegger说："此在的有限性乃历史性的遮蔽依据。""昨日花开今日残"是"在时间中"的历史叙述，"今日残花昨日开"是"时间性"的历史感伤。感伤的是对"在时间中"的人生省视，这便是对有限人生的审美超越。

"逝者如斯夫，不舍昼夜"（《论语》）。孔老夫子这巨大的感伤便是对这有限人生的审美超越，是"时间性"的巨大"情本体"。这"本体"给人以更大的生存力量。

所以，"情本体"的基本范畴是"珍惜"。今日，声色快乐的情欲和精神上无所归依，使在"在时间中"的有限生存的个体偶然、独特分外突出，它已成为现代人生的主题常态。在商业化使一切同质化，人在各式各样的同质化快乐和各式各样的同质化迷茫、孤独、隔绝、寂寞和焦虑之中，如何去把握住自己独有的非同质的时间性，便不可能只是冲向未来，也不可能只是享乐当下，而该是"珍惜"那"在时间中"的人物、境迁、事件、偶在，使之成为"时间性"的此在。如何通过这个有限人生亦即自己感性生存的偶然、渺小中去抓住无限和真实，"珍惜"便成为必要和充分条件。"情本体"之所以不去追求同质化的心、性、理、气，只确认此生偶在中的千千总总，也就是"珍惜"之故：珍惜此短暂偶在的生命、事件和与此相关的一切，这才有诗意地栖居或栖居的诗意。任何个体都只是"在时间中"的旅途过客而已，只有在"珍惜"的情本体中才可寻觅到那"时间性"的永恒或不朽。

从男女双修到十字架上的真理，从汉挽歌、古诗十几首到"居家自有天伦乐"，从唐诗对生活的眷恋到宋诗对人生的了悟，从苏轼到《红楼梦》，从今日的你、我、他（她）到过去、现在、未来，在时间性的珍惜中才有"一室千灯，交相辉映"的奇妙和辉煌。并无某个超验的存在而有千千万万的时间性的情本体。人生虚无，有此则"无"中生"有"。

可见，此"有"并非纯灵、理式、精神，而仍然是与这个血肉身躯有所关联的心灵境界。并非舍弃这个血肉的"不完满"去追求纯粹精神的完满，"完满"就在这不完满中。那离此肉身的"完满"，作为自欺欺人的幻象，也许可以短暂感受，却既不可能持久常住，也不真是"留此灵魂，去彼躯壳"（康有为、谭嗣同）。蔡元培之所以提倡审美代宗教，就在于审美既不排除寻觅这种宗教精神的"完满"经验，又清醒意识这种"父母未生我时的本来面目"仍然不过是肉体身心与无意识的宇宙节律相通相连的某种心理状态而已。它仍然是生发在感性血肉躯体上的人生境界，它是审美的心境超越。

从而，作为人类学本体论所能确认的敬畏对象，就不是纯灵性或纯精神性的上帝神明，而是与人一样虽非血肉却同为物质的宇宙总体。宇宙作为总体，其存在及其"规律"不可知，这也就是超出人类学的"物自体"，这就是那神秘之所在。"天何言哉，四时行焉，百物生焉。"（《论语》）"天地有大美而不言，四时有明法而不议，万物有成理而不说"（《庄子》），这难道不可敬畏、寻觅和归依吗？150亿年前的大爆炸作为宇宙起源难道不比《圣经》创世记更令人惊震、敬畏［E. O. Wilson（爱德华·威尔逊）:《论人性》］？有如基督徒之于上帝，Heidegger之于Being，对中国人来说，"崇拜成为一种专属一己个人的真诚的审美经验（Aesthetic experience）。事实上，它非常相似于面对太阳从远山树林中落下去的那种经验。对人来说，宗教乃意识的最终实在，有类于诗"（林语堂:《生活的艺术》）。这也就是历史本体论所讲的"人自然化"的最高境地：既执着人间，又回归天地，由"以美启真""以美储善"到"以美立命"。

人觉醒，接受自己偶然有限性的生存（"坤以俟命"），并由此奋力生存，不怨天，不尤人，下学而上达（"乾以立命"）。人意易疲，诸宗教主以信仰人格神立教，让众生归依皈从。但在后现代之今日，神鞭打的宗教魔方已难奏效，"人是什么"和"人是目的"终将落实在美感双螺旋充分开展的人性创造中，落实在时间性的情本体中，落实在此审美形而上学的探索追寻中。

2006年12月7日草于三亚银泰度假酒店（Resort Intime）

窗临大海，听涛声拍岸未已

图书在版编目（ＣＩＰ）数据

美学四讲：全彩插图珍藏版 / 李泽厚著.– 武汉：
长江文艺出版社，2021.3
ISBN 978-7-5702-1852-3

Ⅰ. ①美… Ⅱ. ①李… Ⅲ. ①美学－研究 Ⅳ.
①B83

中国版本图书馆 CIP 数据核字(2020)第 270406 号

策划编辑：陈俊帆

责任编辑：田敦国　雷　蕾　　　　　责任校对：毛　娟

封面设计：颜　森　　　　　　　　　责任印制：邱　莉　　胡丽平

出版：长江出版传媒 ｜ 长江文艺出版社
地址：武汉市雄楚大街 268 号　　　　邮编：430070
发行：长江文艺出版社
http://www.cjlap.com
印刷：武汉市金港彩印有限公司

开本：640 毫米×970 毫米　　　1/16　　印张：20　　　　插页：1 页
版次：2021 年 3 月第 1 版　　　2021 年 3 月第 1 次印刷
字数：165 千字

定价：56.00 元